LIDERANÇA HUMILDE

Edgar H. Schein
Peter A. Schein

LIDERANÇA HUMILDE

O Poder dos Relacionamentos, da Franqueza e
da Confiança na Vida Profissional

Tradução

Gilson César Cardoso de Sousa

Título do original: *Humble Leadership – The Power of Relationship, Openness, and Trust.*

Publicado mediante acordo com Berrett-Koehler Publishers, San Francisco.

Texto de acordo com as novas regras ortográficas da língua portuguesa.

1ª edição 2022.

Editor: Adilson Silva Ramachandra
Gerente editorial: Roseli de S. Ferraz
Preparação de originais: Alessandra Miranda de Sá
Gerente de produção editorial: Indiara Faria Kayo
Editoração eletrônica: S2 Books
Revisão: Érika Alonso

Dados Internacionais de Catalogação na Publicação (CIP)
(Câmara Brasileira do Livro, SP, Brasil)

Schein, Edgar H.
Liderança humilde : o poder dos relacionamentos, da franqueza e da confiança na vida profissional / Edgar H. Schein, Peter A. Schein ; tradução Gilson César Cardoso de Sousa. -- São Paulo : Editora Cultrix, 2022.

Título original: Humble leadership : the power of relationship, openness, and trust
ISBN 978-65-5736-138-2

1. Comportamento organizacional 2. Confiança 3. Liderança I. Schein, Peter A. II. Título.

21-96056 CDD-658.4092

Índices para catálogo sistemático:
gg
1. Liderança : Administração 658.4092
Cibele Maria Dias - Bibliotecária - CRB-8/9427

Direitos de tradução para o Brasil adquiridos com exclusividade
pela EDITORA PENSAMENTO-CULTRIX LTDA., que se reserva a
propriedade literária desta tradução.
Rua Dr. Mário Vicente, 368 — 04270-000 — São Paulo, SP — Fone: (11) 2066-9000
http://www.editoracultrix.com.br
E-mail: atendimento@editoracultrix.com.br
Foi feito o depósito legal.

Para nossos netos e os filhos deles.

Sumário

Prefácio

O tema deste livro

Você se vê mergulhado em uma cultura individualista e competitiva de gerência, em que a liderança é sempre o atributo de uma "superestrela" que faz coisas extraordinárias e heroicas? Seria mais útil pensar na liderança não como os "sete passos" que devem ser dados para se liderar, mas como a energia partilhada por um grupo que está empenhado em fazer algo novo e melhor? Este livro propõe uma visão relacional da liderança como um modo de aprender e compartilhar coisas novas e melhores a serem feitas nos processos dinâmicos interpessoais e de grupo, que estão caracterizando cada vez mais as empresas de hoje. Esses processos de liderança podem ocorrer em qualquer nível, em qualquer equipe ou grupo de trabalho, em qualquer reunião, em redes fechadas ou abertas, em unidades de trabalho localizadas ou bastante dispersas, independentemente de fronteiras culturais. A liderança pode surgir tanto de membros de grupo quanto de líderes escolhidos ou nomeados. Pode também apresentar rotatividade imprevisível à medida que as tarefas dos grupos mudam, seguindo a volatilidade dos mercados, que se modificam a um ritmo exponencial.

Em nossa opinião, liderança sempre tem a ver com *relacionamento*, e a verdadeira liderança prospera em uma *cultura de grupo de máxima honestidade e máxima confiança.* A liderança e a cultura devem ser vistas como os dois lados de uma mesma moeda, sendo a cultura um fenômeno de grupo. Embora este livro aborde um novo modelo de liderança, é também um trabalho sobre cultura e dinâmica de grupo.

A tradicional cultura de administração do século XX pode ser descrita como um conjunto transacional de relacionamentos entre papéis atribuídos que, de maneira involuntária, cria condições de baixa abertura e baixa confiança, podendo assim tornar difícil a liderança verdadeiramente eficiente. Chamaremos esses relacionamentos transacionais de "Nível 1", com referência ao conceito de "níveis de relacionamento" apresentado em 2016 no livro *Humble Consulting.* Propomos a "Liderança Humilde" como um modelo relacionado a uma cultura mais pessoal, confiável e franca, baseada em relacionamentos mais próximos dentro de grupos e entre grupos. A isso, chamaremos de "Nível 2".

Queremos enfatizar que o processo de liderança pode ser concebido como distinto da tradicional hierarquia vertical e do desempenho individual "heroico". *Liderar* nos negócios e entre militares, *dirigir* nas artes, *reunir* e *organizar* grupos sociais e políticos, *treinar* equipes esportivas profissionais e *fundar* novas organizações, tudo isso tem em comum o fato de a liderança ocorrer em grupos e basear-se em relacionamentos francos e confiáveis dentro desses grupos. Somente os relacionamentos de Nível 2 dentro desses grupos capacitam todos os membros a dar o melhor de si no trabalho.

Este livro procura enfatizar que o segredo da longevidade empresarial reside na interação de seres humanos plenos, sociais, emocionais e cooperativos em vários tipos de inter-relações pessoais. A Liderança Humilde pode ter a ver com tudo, como convocar grupos ou funcionar como catalisador para capacitá-los, dissolvendo-os em seguida até que sejam de novo necessários. Esse modelo não substitui outros, como os de liderança prestativa, transformativa ou inclusiva, mas é, até certo ponto, o processo, o elemento dinâmico que tem de estar presente em todos esses modelos para que obtenham sucesso – a Liderança Humilde se empenha em criar uma cultura que torne sustentável o avanço do propósito, à medida que o mundo do trabalho evolui.

Para quem é este livro

Este livro é para todos os administradores e líderes dotados de motivação, objetivo e flexibilidade para promover mudanças em sua empresa. A Liderança Humilde é mais necessária no meio empresarial, mas pode ser considerada também bastante relevante em outros setores da sociedade, como medicina, artes, instituições políticas, Organizações Não Governamentais

(ONGs), equipes esportivas, associações comunitárias locais etc. De fato, muitas vezes encontramos arquétipos do modelo de Liderança Humilde nessas associações, nos esportes, no teatro e nas artes cênicas em geral.

Esse modelo é para líderes, mas não apenas aqueles que estão em papéis de liderança. Para nós, a liderança existe em todos os espaços e níveis de qualquer organização. Vemos a liderança como um mosaico complexo de relacionamentos, e não apenas como uma condição bidimensional (de cima para baixo) em uma hierarquia, tampouco como um conjunto de dons inusitados de indivíduos de "alto potencial". Essa visão da liderança provavelmente será bem importante para leitores que trabalham com recursos humanos (RH) e desenvolvimento empresarial, pois enfatizamos que a Liderança Humilde trata tanto de habilidades simples quanto de tecnologia, estratégia, autoridade, disciplina etc.

A nosso ver, a liderança é algo mais que um papel; é um relacionamento colaborativo voltado para a realização de coisas diferentes, novas e melhores, podendo, portanto, ser de utilidade para gerentes de produto, chefes de finanças e operações, diretores financeiros, membros de diretorias, investidores, médicos, advogados e profissionais de ajuda. Esperamos encontrar leitores, em qualquer ponto da cadeia de valores, capazes de perceber o impacto de relacionamentos otimizados, baseados em partilha de informações, honestidade e confiança, que melhoram os resultados ao aprimorar a maneira como os grupos reanimam e reenergizam padrões organizacionais baseados em papéis, inspirando os participantes desses grupos a dar seu melhor desempenho *em equipe.*

O QUE VOCÊ VAI GANHAR AO LER ESTE LIVRO

Livros que ensinam sobre liderança – e há muitos realmente bons para escolher – oferecem listas de habilidades requeridas, fórmulas de sucesso e atributos desejáveis que o ajudarão a chegar ao topo, a produzir a próxima grande invenção e a mudar o mundo. Não duvidamos nem um pouco de que essas significativas recomendações de liderança contribuíram para o progresso explosivo na inovação, na expansão global e no sucesso financeiro que caracterizaram os 35 anos do começo da década de 1980 até agora. Nossa preocupação é que esse enfoque em heróis e "disruptores", com visões e valores pessoais corretos, deixem de nos preparar para as questões de trabalho que enfrentaremos nos próximos 35 anos.

E se propuséssemos a você que transformasse o desafio pessoal de aprimorar suas habilidades de liderança em um desafio coletivo para ajudar a aprimorar o desempenho de um grupo? Considere este livro uma maneira de livrá-lo da pressão de ter de fazer tudo. Em vez de mergulhar de cabeça no trabalho, perguntando-se como poderá resolver sozinho o problema, que tal se, antes, se comprometesse a solucioná-lo em companhia de um parceiro, um grupo, uma equipe grande ou pequena? Você não pode, sozinho, resolver o problema, liderar a conquista da grandeza, mudar o mundo. Mas pode criar um ambiente de aprendizado em que você e seu grupo cooperem para identificar e gerir os processos aptos a solucionar problemas, para depois, talvez, mudar o mundo. Esperamos que este livro lhe proporcione alguns novos meios de questionar, de aprender – em suma, exemplos de Liderança Humilde que já ajudaram outros a realizar mudanças e promover crescimento.

Breve nota histórica

Sempre ficamos intrigados com a pergunta: "Os líderes criam culturas ou as culturas criam os líderes?". Vimos diversos exemplos de ambos os casos e continuamos a respeitar essa dicotomia. No entanto, nos últimos 75 anos, aperfeiçoamos o campo da dinâmica de grupo e inventamos o "aprendizado experimental" em contextos de grupo, o que nos capacitou a observar e constatar como as forças de grupo (cultura) e a iniciativa individual (liderança) estão em constante interação. Os líderes moldam sempre as culturas, embora as culturas limitem aquilo que define a liderança e aquilo que os agentes de mudança individual podem fazer. Enfatizamos esse ponto na quinta edição de nossa obra *Organizational Culture and Leadership* (Schein e Schein, 2017).

Como seres humanos socializados, não podemos escapar de nossa cultura, mas podemos começar a entendê-la e a perceber que a liderança, como atividade relacional, molda a cultura e é moldada por ela. Podemos começar a perceber também em que direção a cultura gerencial precisa evoluir para se adaptar às iminentes mudanças ambientais, sociais, políticas, econômicas e tecnológicas. O conceito de Liderança Humilde deriva dessa necessidade, lançando luz sobre a natureza interativa da liderança empenhada em realizar algo novo e melhor, dentro dos limites daquilo que a cultura existente poderá aceitar – modificando assim as dimensões culturais caso seus limites sejam demasiadamente restritivos.

Como o leitor verá, a parte mais difícil desse processo será mudar os elementos da cultura gerencial existente, que a nosso ver se tornou estagnada ou mesmo obsoleta. Um novo modelo de liderança cooperativa terá de fazer um grande esforço para encontrar seu lugar em uma cultura transacional competitiva e individualista. Assim, o primeiro desafio do líder humilde emergente será começar a modificar essa cultura.

A cultura gerencial convencional nunca evitou falar sobre a importância (embora nem sempre enfatizasse essa centralidade) de equipes e grupos. As equipes ainda giram em torno de indivíduos, como se vê pelos incentivos de equipe, que só são dados após os incentivos individuais. Ainda tendemos a concentrar os incentivos em líderes de equipe; no entanto, uma importante pesquisa que abrangeu os últimos 75 anos revelou que *um grupo ou equipe eficiente cria condições para liderança do mesmo modo que líderes criam equipes eficientes.*

Do mesmo modo, a franqueza e o envolvimento dos funcionários costumam ser enfatizados, mas a quantidade de informação econômica crítica que a gerência oculta dos empregados sugere com nitidez que a cultura de gestão apoia, de forma sutil, mas decisiva, o pressuposto de que a gerência ainda detém "o direito divino de dizer aos outros o que devem fazer" (Schein, 1989).

A Liderança Humilde pode ser definida como um método intrinsecamente relacional, profundamente enraizado em processos de grupo eficientes, sem eliminar, contudo, outros modelos baseados em visões ou propósitos heroicos individuais. Os modelos de liderança de serviço e transformacional são muito importantes para as empresas de hoje, mas acreditamos que eles requeiram a Liderança Humilde como processo fundacional de grupo. Cremos que todos os modelos de liderança atuais possam ser complementados com mais ênfase *pessoal relacional* se forem relevantes para a verdadeira corte de líderes modernos que estão surgindo. Com esse objetivo em mira, apresentamos o conceito de *personização*, a fim de definir a essência da Liderança Humilde de Nível 2.

Como este livro é organizado

Nos capítulos 1 e 2, descreveremos nossa visão de Liderança Humilde e a teoria do relacionamento que constitui seu alicerce. Contaremos algumas histórias nos capítulos 3, 4, 5 e 6 a fim de esclarecer o que para nós é o sucesso da Liderança Humilde, além de casos em que ela não avançou, ficou paralisada ou não obteve êxito. Em seguida, no capítulo 7, analisaremos certas tendências que reforçam a humildade no aqui e agora, a *personização*, a maneira de dar sentido à equipe e o aprendizado em grupo, que são componentes essenciais desse tipo de liderança. No capítulo 8, aventamos como a Liderança Humilde e a respectiva teoria de dinâmica de grupo podem enriquecer nossas ideias sobre uma cultura administrativa mais ampla; e, no capítulo 9, recomendaremos novas leituras, autoanálise e desenvolvimento de capacidades para você intensificar sua proficiência em Liderança Humilde.

Um
Uma Nova Abordagem à Liderança

Este livro apresenta uma nova abordagem à liderança baseada mais em relacionamentos *pessoais* do que em relacionamentos de *papel transacional.*

A *boa* notícia: a dedicação dos empregados, o empoderamento, a agilidade organizacional, a ambidestria, a inovação... tudo isso poderá florescer no mundo em rápida transformação, quando o relacionamento fundamental entre líderes e seguidores, vendedores e clientes, fornecedores e consumidores se tornar mais personalizado e cooperativo.

A *má* notícia: decepções contínuas, escândalos, alta rotatividade ou talento mal aproveitado, problemas de segurança e de qualidade na indústria e na assistência médica, muita corrupção e abuso de autoridade em níveis mais elevados das empresas e da política, motivado por pragmatismo financeiro e obsessão pela preservação do poder como critério primário de sucesso... Tudo isso continuará a acontecer enquanto as relações entre líder e seguidor permanecerem impessoais, transacionais e baseadas em papéis e regras implantados na atual cultura da administração e ainda predominantes em nossas empresas burocráticas e hierárquicas.

Precisamos, portanto, de um modelo de liderança mais pessoal e cooperativo, que mude os relacionamentos tanto dentro das empresas quanto entre seus membros e consumidores, clientes e pacientes. Esse modelo chama-se *Liderança Humilde.*

O QUE É LIDERANÇA? A RELAÇÃO ENTRE LÍDER E SEGUIDOR

Com "liderança", pretende-se fazer algo *novo* e *melhor*, e induzir outros a fazer o mesmo. Essa definição se aplica tanto ao executivo sênior, que desenvolve novas estratégias, novos objetivos e novos valores, quanto ao membro do grupo com um cargo modesto na empresa, ao sugerir uma nova maneira de conduzir uma reunião ou de aperfeiçoar um processo para a obtenção de melhores resultados. As palavras *novo* e *melhor* nos lembram de que a liderança sempre se refere a uma tarefa que pode ser aprimorada e a um grupo cujos valores e cultura determinarão, em última análise, o que é melhor.

O novo e o melhor vão depender sempre do contexto, da natureza da tarefa e dos valores culturais vigentes no grupo ou na empresa empenhados no trabalho. O que mais à frente poderemos rotular de "liderança boa e efetiva" começa, então, com alguém que percebe uma maneira nova e melhor de fazer alguma coisa: um líder emergente. Nosso enfoque não será no indivíduo nem nas características que ele deve ter, mas nos relacionamentos que se desenvolvem entre essa pessoa e seus prováveis seguidores, que terão influenciado o que enfim se poderá considerar novo e melhor, e que vão implementar essa nova maneira, caso concordem com ela. Os prováveis seguidores serão sempre algum tipo de grupo de trabalho ou equipe, portanto, nosso enfoque será também nas relações entre eles. Eles podem estar concentrados ou espalhados pela sua rede de contatos, e a adesão pode variar, mas sempre haverá algum tipo de grupo envolvido, de modo que a dinâmica e os processos de grupo sempre estarão intimamente associados à liderança.

Níveis de relacionamento

Os níveis de relacionamento entre líder e seguidores podem, de modo conveniente, ser diferenciados ao longo de uma série de "níveis de relacionamento" que são, em geral, aceitos na sociedade, sendo que aprendemos a usá-los em nossos próprios relacionamentos e, por isso, nos são conhecidos e familiares. Apresentamos esses níveis aqui, mas vamos explicá-los em detalhe no capítulo 2. Na série de relacionamentos estão estes quatro níveis:

- **Nível Negativo 1:** dominação e coerção totais.
- **Nível 1:** papel transacional e supervisão baseada em regras, serviço e todas as formas de relacionamento solidário.

- **Nível 2:** cooperação pessoal, relacionamentos confiáveis como em amizades e equipes eficientes.
- **Nível 3:** intimidade emocional, compromisso mútuo total.

Algumas versões desses níveis estão presentes e são bem compreendidas na maioria das sociedades, e, em geral, sabemos a diferença, em nossos relacionamentos, entre dar ordens coercitivas a uma pessoa sobre a qual temos poder (Nível Negativo 1) e o amplo espectro de relacionamentos transacionais com estranhos, prestadores de serviço, chefes, subordinados diretos e colegas para com os quais mantemos a devida "distância profissional" (Nível 1).

Esses relacionamentos formais diferem do modo como nos relacionamos com amigos e colegas em grupos de trabalho colaborativo, que consideramos seres humanos individuais (Nível 2), e com nossos cônjuges, amigos íntimos e confidentes, com os quais compartilhamos os sentimentos mais íntimos e privados (Nível 3).

Já possuímos as atitudes e as habilidades necessárias para decidir em que nível queremos nos relacionar com outras pessoas na vida cotidiana; mas já pensamos o suficiente para saber qual é o nível apropriado de relacionamento em nossos grupos de trabalho e relações hierárquicas? Já consideramos como deverá ser o relacionamento de liderança à medida que as tarefas das empresas se tornarem mais complexas?

A fim de explicar o que entendemos por *Liderança Humilde*, precisamos examinar o que esses níveis significam no contexto empresarial de hoje e o que vão significar no futuro. Nosso argumento é que o Nível Negativo 1, de dominação e coerção, é, *a priori*, inadequado em uma sociedade democrática sólida e, sem dúvida, ineficaz, exceto quando as tarefas são muito simples e programáveis. O Nível 1 transacional, referente às expectativas de papéis desempenhados, bem como as normas de comportamento a eles apropriadas, transformaram-se no que podemos chamar de cultura administrativa básica que ainda domina inúmeras empresas e instituições. É baseado nos principais valores norte-americanos de competitividade individual e autodeterminação heroica, e em um conceito de trabalho linear, mecânico, que obedece à racionalidade técnica. Portanto, o Nível 1 depende de regras, papéis a serem desempenhados e preservação do distanciamento profissional adequado (Roy, 1970). Essa cultura predominante e o modo como o mundo vem se transformando levam-nos a crer que precisamos de um novo modelo, baseado em relacionamentos e processos grupais mais pessoais, de Nível 2 ou mesmo Nível 3.

Por que precisamos de mais um livro sobre liderança

Há várias razões pelas quais precisamos de um novo modelo de liderança.

1. A complexidade de tarefas vem aumentando de modo exponencial

As tarefas a cumprir no mundo de hoje envolvem uma mescla dinâmica de novas tecnologias e colaboração entre vários tipos de habilidades proporcionadas por membros de equipe, além de parceiros de ecossistema, muitas vezes oriundos de diferentes culturas ocupacionais e nacionais. Os produtos e serviços que precisam ser disponibilizados estão, eles próprios, tornando-se mais complexos e se modificando cada vez mais rápido em nosso ambiente sociopolítico mutável. A tecnologia da informação e as redes sociais geograficamente dispersas criaram novas maneiras de organizar e comunicar que tornam muito difícil definir o processo de liderança (Heifetz, 1994; Johansen, 2017).

Empresas no mundo todo lutam contra o crescente nível de mudança, o grau de interconexão global, o multiculturalismo e o ritmo do progresso tecnológico. As mudanças climáticas estão em ritmo acelerado. A especialização de produto está em ritmo acelerado. A diversificação cultural está em ritmo acelerado. Torna-se cada vez mais óbvio que acompanhar o ritmo no mundo atual exigirá trabalho de equipe e colaboração de todo tipo, baseada em níveis superiores de confiança e franqueza gerados por relacionamentos mais personalizados. As equipes exigirão outras equipes para compartilhar o que funciona e o que sabem. A Liderança Humilde se fará necessária em todos os níveis, para vincular equipes e grupos de trabalho. O egocentrismo, as estratégias para benefício próprio, a arrogância – comportamentos exibidos com naturalidade por pessoas que querem subir a todo custo na hierarquia – cairão em descrédito ou serão mesmo punidos como perda de tempo egoísta.

As empresas que conseguirem reformular sua autoimagem e alterar constantemente seu perfil, como se fossem organismos vivos, aumentarão seu sucesso e taxa de sobrevivência (O'Reily e Tushman, 2016). Este livro propõe que essa nova arquitetura não será possível sem uma liderança mais personalizada acima, dentro e ao redor de empresas modernas. A Liderança Humilde criará e refletirá as relações capazes de responder a essa taxa acelerada de mudança sistêmica, fortalecendo os grupos de trabalho, que então poderão construir e manter sua capacidade adaptativa imprescindível para capitalizar e acelerar a transformação.

É tempo de adotar um novo modelo. Como disse Frederic Laloux em sua análise da evolução das formas organizacionais: "há alguma coisa no ar" (Laloux e Appert, 2016, p. 161). Ficamos impressionados em particular pelas descrições dos novos padrões organizacionais das Forças Armadas norte-americanas, a maior organização hierárquica da América: eles sugerem que a única maneira de participar de algumas das guerras atuais é com a aplicação da abordagem da "equipe das equipes" (McChrystal, 2015). Até (ou em especial) nas Forças Armadas norte-americanas o antigo modelo – organizações com máquinas controladas por heróis – é algo do passado, e não do futuro. É difícil conceber com facilidade como as empresas no futuro, em diversas áreas, conseguirão sobreviver se seu modelo de negócios continuar baseado sobretudo no mito convencional da produção mecânica.

Nesse ambiente, a liderança deve ser, inquestionavelmente, *humilde*, pois não é de modo algum possível a um indivíduo acumular conhecimento suficiente para dar todas as respostas. A interdependência e a mudança constante tornam-se um modo de vida no qual a humildade em face dessa complexidade é um recurso de sobrevivência crítico. Durante os últimos cinquenta anos, os estudiosos descreveram o mundo como um "sistema sociotécnico aberto" de contextos empresariais e sociais em constante mudança, que deve ser aceito e abordado com "espírito inquisitivo". À medida que avançarmos rumo ao futuro, essas condições vão aumentar de modo exponencial, tornando a Liderança Humilde um meio decisivo para enfrentar esses desafios sociotécnicos.

2. A ATUAL CULTURA EMPRESARIAL É MÍOPE. TEM PONTOS CEGOS E É MUITAS VEZES AUTODESTRUTIVA

Temos visto notáveis avanços na engenharia e na automação que eliminaram quase por completo defeitos técnicos em materiais e processos de manufatura. Entretanto, o *design*, a produção e a entrega de um número e de uma variedade crescentes de produtos tornaram-se primordialmente um problema sociotécnico no qual a qualidade e a segurança derivam de interações falhas entre os diversos microssistemas sociais das organizações complexas de hoje.

Muitas vezes, os problemas não estão nos "elos" (indivíduos), e sim nas interações (relacionamentos). Com o aumento exponencial das contingências e interações, vislumbramos indícios de um profundo mal-estar em muitas empresas, que podem ser caracterizados com mais clareza como um fracasso persistente da comunicação tanto para cima quanto para baixo – refletindo indiferença e desconfiança na escala da hierarquia. Problemas de qualidade e segurança não resultam de falhas tecnológicas, mas de falhas *sociotécnicas* de comunicação (Gerstein, 2008).

Para piorar as coisas, a cultura administrativa que funcionou bem até agora também criou pontos cegos e diminuiu a visão periférica, impedindo muitos executivos de ver e levar a sério essa patologia na comunicação. Precisamos, portanto, examinar até que ponto a cultura que foi tão bem-sucedida até o momento se baseia em certos valores que inibem novas e melhores maneiras de realizar as coisas.

A comunicação *para baixo* muitas vezes falha porque os empregados não entendem nem aceitam com confiança aquilo que os executivos declaram ser a estratégia ou a cultura que desejam implantar. Os empregados pressentem, não raro, que o que se pede deles (por exemplo, "trabalho em equipe e colaboração") está em conflito direto com elementos mais profundos da cultura, como o *individualismo competitivo*, pelo qual foram recompensados ao ascender na escala corporativa. Em nossa experiência, são muitos os executivos que notoriamente não querem ou não conseguem perceber que seus apelos por novas e virtuosas culturas de trabalho em equipe, por comprometimento ou por mais agilidade e inovação caem em ouvidos surdos porque eles próprios não pretendem mudar seu comportamento e criar a nova estrutura de recompensas necessária para amparar esses novos valores empresariais.

A comunicação *para cima*, de maneira previsível, falha porque os empregados evitam falar quando não entendem, não concordam ou descobrem problemas de qualidade e segurança no funcionamento da empresa (Gerstein, 2008; Gerstein e Schein, 2011). Com muita frequência, essa omissão leva aos acidentes fatais que vemos nas indústrias química, petrolífera, de construção, de serviços e mesmo aeronáutica. Na área de assistência médica, ocorrem infecções hospitalares e mortes evitáveis porque os empregados não falam ou não são ouvidos, escutando sempre que "Não se preocupe, os procedimentos de segurança resolverão o problema", só para descobrir mais tarde que nada foi feito. Complacência e não relatar o problema (falsas negativas) são muitas vezes a causa invisível de erros que acabam custando caro.

Vimos, pelos escândalos que envolveram a Volkswagen, a Veterans Affairs e o Wells Fargo Bank, como os objetivos irreais de produção e/ou controle de custos aparentemente ignoraram as advertências dos empregados de que esses objetivos não poderiam ser alcançados, o que levou à instalação de *softwares* ilegais em carros, à mentira e à falsificação de registros, ou à abertura de milhares de contas bancárias falsas. Com efeito, as queixas dos empregados receberam a seguinte resposta da administração, no caso da VW: "Ou vocês encontram uma maneira de alcançar os níveis de emissão com esses motores ou nós encontraremos quem o faça!".

Quando os empregados, vez ou outra, dão o alarme, podem ser reconhecidos e até conseguir que se façam algumas mudanças, mas quase sempre à custa da própria carreira (Gerstein, 2008; Schein, 2013b). O princípio de administração cuja premissa é: "Não me traga o problema a menos que tenha a solução" é bastante citado. Mais chocante ainda é quando executivos nos dizem que o aumento nas taxas de acidentes e mesmo algumas mortes são "o preço de se fazer negócios". Já ouvimos diretores de hospital dizendo algo semelhante: "Bem, pessoas morrem em hospitais!".

A comunicação *direta* é bastante recomendada quando se fala de criação de equipes e mais colaboração, mas costuma ser comprometida pela consciência de que o sistema de recompensa se baseia na competição entre colegas. Falamos em trabalho de equipe, mas são as estrelas individuais que ganham fama e recompensa econômica. Não recompensamos nem valorizamos grupos. Quando tudo vai bem, identificamos as estrelas; quando as coisas vão mal, tentamos achar um bode expiatório. Muitas vezes ouvimos referência à "cultura da responsabilização". Em uma grande empresa do ramo de petróleo, ouvimos engenheiros sugerirem: "Terminado um projeto, peça transferência imediata, pois assim, se algo der errado, você não estará ali para levar a culpa".

Além desses problemas de comunicação, temos outros. A cultura empresarial norte-americana continua exaltando o mito do *líder heroico* individual e um modelo *mecânico* de organização hierárquica cujo *design* não apenas compromete os próprios objetivos de engajamento e empoderamento dos empregados, de agilidade empresarial e de inovação, como também limita a capacidade de enfrentar um mundo cada vez mais volátil, incerto, complexo e ambíguo (Vica). Embora muitos administradores possam negar isso, achamos que o modelo do herói cria uma cultura administrativa implicitamente construída em torno dos relacionamentos coercitivos de Nível 1 Negativo ou das relações burocráticas hierárquicas entre administradores e empregados de Nível 1 formal, que na verdade podem se tornar também coercitivas e constrangedoras. O modelo de liderança gerado por esse tipo de cultura administrativa de Nível 1 depende de líderes visionários e carismáticos para a superação da apatia ou da resistência características desses relacionamentos transacionais, "profissionalmente distantes" e baseados em desempenho de papéis.

Além disso, observamos que cada vez mais esse modo de liderança e administração transacionais gera não apenas a patologia da comunicação empresarial mencionada antes, mas também o que se poderia chamar de "mal" nas empresas, pois os empregados são vistos não como seres humanos plenos, mas como papéis, mercadorias e "recursos" (Sennett, 2006; Adams e Balfour, 2009; Gerstein e Schein, 2011; Schein, 2014). Em uma empresa baseada em regras e desempenho de papéis, é fácil ignorar o que a análise de segurança qualifica de "desvio prático" (Snook, 2000) ou "normalização de desvio" (Vaughan, 1996). Esse desvio está relacionado à miopia executiva, quando não à visão de túnel, que pode gerar comportamentos disfuncionais ao longo da hierarquia e, em decorrência, desinteresse dos empregados, mentiras e fofocas, além de, em último caso, criar problemas de segurança e qualidade para cidadãos, consumidores e pacientes.

Um exemplo extremo, que beira o "diabólico", foi relatado em um artigo da *The New Yorker*, com detalhes sobre uma grande produtora de carne de frango que explorava imigrantes ilegais, instalava-os em ambientes insalubres e ameaçava obter a deportação deles caso se queixassem das condições de trabalho (Grabell, 2017). Nem é preciso dizer que há, na cultura empresarial contemporânea, problemas que não podem ser resolvidos pelo modelo do herói individual proposto por essa mesma cultura.

Em defesa da cultura existente, tal como encaram a tarefa, os líderes podem continuar tentando impor métodos novos e melhores, como Lean ou Agile (Shook, 2008). No entanto, como as tarefas se tornam cada vez mais complexas em termos sociotécnicos e também mais interdependentes, líderes formais muitas vezes descobrem que essa maneira nova e melhor só será compreendida e implementada de forma correta caso os empregados se envolvam ativamente no *design* e na aplicação dessas mudanças, que dependem da existência de relacionamentos pessoais de Nível 2 nos grupos encarregados.

3. Há mudanças geracionais nos valores sociais e profissionais

Forças em prol da mudança no *design* do trabalho e das empresas vêm atuando aos poucos, em torno de novos valores sociais, para determinar o que o trabalho e as empresas significam no complexo mundo multicultural de hoje. Fala-se mais de responsabilidade social, de proteção do ambiente e do planeta, fato expresso de maneira adequada pela ideia de "liderança servidora" (Greenleaf, 2002; Blanchard, 2003; Blanchard e Broadwell, 2018). Novas levas que estão entrando para a força de trabalho têm diferentes expectativas e conceitos a respeito de como o trabalho e a carreira devem ser. Enfatiza-se cada vez mais o trabalho significativo e baseado em propósitos, que capacite os empregados a usar todos os seus talentos a fim de ganhar experiência pelo que ela é, e não apenas em troca de gratificações ou "coisas".

Em que a liderança humilde é diferente?

Para tornar as organizações mais eficientes, a fim de liderar o que vem sendo cada vez mais chamado de "mudança de cultura" ou "transformação", o relacionamento entre o líder emergente e os seguidores na empresa, que vão implementar as mudanças, tem de ser um relacionamento de Nível 2 mais pessoal e cooperativo. Já observamos certa tendência para relacionamentos de Nível 2: médicos com seus pacientes, *designers* de produto com seus consumidores, professores com seus alunos e líderes de equipe com seus membros estão descobrindo que as coisas funcionam melhor e são mais gratificantes do âmbito emocional quando o relacionamento se torna mais pessoal.

Os relacionamentos pessoais, francos e confiáveis precisam ser aprimorados nos grupos de trabalho para facilitar as transformações culturais e incentivar as capacidades inovadoras que o mundo Vica exigirá. Esses relacionamentos de trabalho podem tender com frequência para variados graus de intimidade de Nível 3, dependendo da natureza da tarefa, como nas importantes operações de grupos militares como os da Navy Seal ou das Forças Especiais do Exército, mesmo que os relacionamentos de Nível 3 possam ainda ser tidos como inadequados em sistemas hierárquicos como escritórios e hospitais.

Várias formas de Liderança Humilde se fizeram presentes ao longo da história, quando a tarefa assim o exigia. Eis alguns exemplos.

Exemplos de liderança humilde

Estes são casos reais, referentes a diversos níveis de vida organizacional. Alguns sofreram modificações porque a empresa ou as pessoas envolvidas não quiseram ser identificadas. O elemento comum entre eles é que um líder humilde se dispôs a criar o que chamamos de relacionamentos de Nível 2, utilizando o conhecimento implícito de dinâmica de grupo para lidar com a hierarquia e/ou limitar os danos indesejáveis do individualismo competitivo.

Exemplo 1.1 Como promover a responsabilidade de grupo no topo da hierarquia

O CEO de um grande conglomerado químico multinacional trabalha com uma diretoria de onze subordinados diretos e tornou-os responsáveis como grupo para o desempenho da organização. Todos se conhecem pessoalmente devido a frequentes reuniões nas quais se discutem e se decidem a estratégia básica.

Para possibilitar essa tomada de decisão conjunta, eles resolveram alternar responsabilidades para as diferentes divisões de produto, divisões internacionais e divisões funcionais a cada três anos, de modo que todos ficassem familiarizados com os aspectos do negócio e nunca procurassem ser o campeão individual para determinado produto, país ou função.

A responsabilidade conjunta possibilita diálogos francos em face de decisões operacionais e estratégicas difíceis. Eles criaram uma atmosfera na qual ninguém tem medo de falar e transmitiram esses valores aos demais, em particular, aos subordinados diretos. Talvez mais importante ainda, concluíram que aprender a atuar como grupo é uma tarefa muito difícil e usaram consultores especializados em trabalho em equipe para aprender como ser eficientes em grupo. Revisam seu processo de grupo com frequência e determinam, nessas ocasiões, se de fato a liderança foi distribuída com perfeição entre eles. Fazendo que cada executivo sênior se familiarize com cada divisão, unidade geográfica e função, evitam argumentos em benefício próprio, que são sempre prejudiciais.

Esse exemplo mostra que mesmo uma multinacional com incontáveis divisões pode criar um processo de governança em que os "silos" cooperem e sejam conjuntamente responsáveis ao construir entre si relacionamentos honestos e confiáveis.

Exemplo 1.2 Como personalizar relacionamentos hierárquicos

Jerry, um CEO recém-aposentado de um grande conglomerado multinacional de manufaturas e serviços, descreve assim sua atuação como administrador e líder (Seelig, 2017):

> No início de minha carreira, descobri que o sucesso de uma empresa dependia em tudo da competência técnica e da capacidade de liderança dos responsáveis, independentemente de seu título ou cargo na organização. Durante meus primeiros meses em uma nova função administrativa, eu passava horas com cada gerente e supervisor discutindo sua operação específica, fazendo inúmeras perguntas tanto sobre seu desempenho passado quanto sobre quais seriam, em seu entender, as futuras oportunidades e desafios do negócio ou atividade de que se encarregava. Perguntava-lhes o que fariam se estivessem em meu lugar e o que me aconselhavam como seu novo administrador-geral.
>
> Eu queria que os supervisores e gerentes entendessem e aceitassem meu estilo de administração. Primeiro, pedia que me pusessem a par de quaisquer problemas significativos que houvessem encontrado, mas também esperava que me dessem sugestões para solucioná-los. Em segundo lugar, fazia questão de ouvir a opinião deles sobre os assuntos discutidos – mas

não queria apenas que opinassem; queria que discutissem comigo caso discordassem. Somente depois de debater a fundo as alternativas, ponderando os riscos e benefícios, poderíamos chegar à melhor solução.

O que Jerry descreveu era Liderança Humilde, uma vez que construía "relacionamentos solidários" de caráter pessoal (Schein, 2009) dentro da organização, sobretudo com subordinados diretos e indiretos. Ele reconheceu, com franqueza, que precisaria da ajuda dos colegas e funcionários na tomada de decisões. Não podia conhecer todo o trabalho técnico feito pelas diferentes subsidiárias e teria de trabalhar em países com diferentes culturas. Era um vice-presidente executivo com absoluta autoridade formal para "comandar" essas unidades, mas, ao organizar os subordinados, reconheceu que sua função consistia basicamente em criar confiança mútua e comunicação franca com os gerentes abaixo dele. Jerry exemplificou, com as próprias atitudes, que os relacionamentos em uma hierarquia não precisam ser baseados em controle e comando de cima para baixo.

Exemplo 1.3 Como empoderar gerentes em uma startup

O fundador da Digital Equipment Corp. (DEC), *startup* dos anos 1950, construiu, como líder humilde, uma empresa que foi muito bem-sucedida por mais de 25 anos – empresa que era, em tamanho, menor apenas que a IBM. Essa história exemplifica como o Nível 2 pode se perder e como a "empresa mecânica" pode ressurgir com rapidez depois que o tamanho e o sucesso geram conflitos internos e patologias de comunicação (Schein, 2003, 2016; Schein e Schein, 2017).

Em seu papel de cofundador, Ken Olsen contratou os melhores e mais brilhantes jovens engenheiros da computação que pôde encontrar, construiu relacionamentos de Nível 2 com eles, instalou-os periodicamente no que chamou de "comitê de operações", que incluía passar dois dias fora da empresa, fez as perguntas-chave sobre os tipos de produto que deveriam desenvolver, encorajou o debate livre que quase sempre dava resultados e, até certo ponto, permaneceu à parte, mais ouvindo que participando. Às vezes se afastava, ficava em um canto e parecia perdido nos próprios pensamentos. Durante as muitas horas do debate, só de vez em quando intervinha com perguntas oportunas, sem nunca dar sugestões. Só quando o grupo começava a chegar a um consenso, privilegiando uma proposta que resistira às críticas, Ken voltava para a mesa e pedia uma decisão *coletiva.*

Quando alguém lhe perguntou por que não tomava decisões autocráticas e sempre deixava o debate correr à solta, ele respondeu sem pestanejar: "Primeiro, não sou tão esperto assim. Certa vez, tomei uma decisão e fui em frente, só para perceber depois que ninguém me seguia". Descobriu que tomar uma decisão e implementá-la exigia a construção de relacionamentos solidários, que dependiam de honestidade completa e confiança mútua. Deixou claro que dissimular ou mentir para colegas, para ele ou mesmo para clientes era absolutamente inaceitável e provocaria demissão imediata.

Depois de contratar os melhores talentos, Ken reconheceu a própria vulnerabilidade (por não ter, como fundador, todas as respostas), mas confiou em que seus especialistas tomariam as melhores decisões técnicas enquanto ele criava um ambiente pessoal de franqueza e confiança. Empoderou os funcionários principais e passou a confiar neles. Deixou que o *mercado* revelasse se as decisões tinham sido boas ou não. Respeitou os funcionários e a realidade do mercado.

De modo geral, em uma empresa nova, é possível confiar aos níveis mais baixos a tarefa de tomar decisões estratégicas e táticas. No entanto, se a empresa for bem-sucedida, crescer e envelhecer, ela começará a ficar às voltas com um forte tribalismo, pois os jovens engenheiros, uma vez capacitados, tornam-se muito poderosos com a idade e o sucesso, construindo os próprios impérios e brigando uns com os outros. Na DEC, a confiança desapareceu com bastante rapidez, provocando várias das patologias mencionadas antes. No fim, Ken foi sendo aos poucos posto de lado pelas próprias pessoas que ele empoderara.

A diretoria da DEC não mantinha relacionamentos de Nível 2 entre os funcionários nem com Ken, o que levou a um desfecho triste, mas previsível. Enquanto brigavam, as tribos esgotaram os recursos limitados, de modo que três produtos importantes chegaram tarde demais ao mercado. Este também havia mudado e, com a DEC sem saber o que fazer, Ken acabou demitido, e a empresa foi vendida à Compaq, que a Hewlett-Packard adquiriu depois. Contudo, a DEC havia demonstrado, em seus primeiros 25 anos, que um fundador podia, sim, construir uma empresa com Liderança Humilde.

Exemplo 1.4 Como colocar a segurança acima da produtividade

Sarah Smith é chefe de operações elétricas em uma grande empresa de serviços públicos. Acima dela há o vice-presidente (VP) de todas as operações, que incluem gás e vapor. O VP se preocupa muito com a coordenação e a colaboração entre suas várias unidades e, por isso, transformou as reuniões com um moderador em elemento central de seu trabalho. Determinou que Sarah criasse o mesmo tipo de "cultura de colaboração" com seus quatro gerentes regionais e sempre lhe pergunta como a coisa está indo. Ele sugeriu que Sarah convocasse um moderador para trabalhar com seu grupo a fim de garantir a elaboração de normas que obrigassem todos a comunicar caso descobrissem algum problema de segurança ou manutenção em qualquer parte do sistema.

Sarah tinha aprendido que somente se passasse um bom tempo com os subordinados diretos eles se sentiriam seguros para apresentar relatórios sobre problemas de manutenção. Ela sempre lhes lembra que a segurança e a confiabilidade são mais importantes que a agenda, e recompensa todo funcionário que mostra preocupação com segurança e manutenção. Sarah não tem dúvidas de que os executivos acima dela realmente são sinceros quando dizem que segurança é a principal prioridade e esperam que ela passe essa mensagem aos níveis inferiores.

Líderes e gerentes podem reforçar valores capitais como segurança e qualidade lembrando sempre aos subordinados diretos que esses valores devem predominar mesmo quando reduzem a produtividade no curto prazo e comprometem a pontualidade. Essa mensagem foi ouvida e aceita porque se estabeleceram relacionamentos de Nível 2 entre os níveis.

Exemplo 1.5 O que um cirurgião faz para gerar confiança e franqueza

David é cirurgião sênior, especialista em problemas de coluna, em um grande hospital infantil. As cirurgias complexas que realiza exigem uma equipe da qual ele depende muito durante a maior parte do procedimento. Quando lhe perguntaram como ele conseguiu um bom nível de confiança e abertura com seu grupo, David respondeu que, em primeiro lugar, selecionou pessoas com base em sua competência e, em seguida, "levou-as para almoçar". Percebeu que a maneira mais rápida de diminuir a distância hierárquica na equipe era fazerem juntos algo bastante humano, que não lembrasse a hierarquia. Mais tarde, aprendeu que sua vontade de almoçar com a equipe, e não com os outros médicos, também enviava um claro sinal a ela de que todos os seus membros eram muito importantes. David sabia que a maneira mais rápida de conhecê-los como indivíduos era por meio de uma atividade informal, como uma refeição.

No entanto, logo a política do hospital mudou e ele não pôde contar mais com uma equipe dedicada, de modo que, nas cirurgias, era assessorado por estranhos que não se encaixavam no esquema. Mas precisava, ainda, gerar confiança e honestidade com a máxima rapidez; desenvolveu então um processo usando a lista de verificação pré-operatória de maneira cooperativa. Em vez de percorrê-la às pressas, de forma mecânica, a enfermeira-chefe da sala de cirurgia deveria se deter em cada item e olhar para cada membro da equipe diretamente, com linguagem corporal que mostrasse interesse e disposição para ouvir de cada um perguntas e observações sobre cada item. David esclareceu que a contribuição deles era muito importante e procurou mostrar que deveriam trabalhar juntos, em mútua confiança. A confiança, nesse contexto, era visual e fisicamente intensificada em tempo quase real, graças à simples, senão simbólica, tarefa de revisar a lista de verificação atribuída ao grupo.

Essa história deixa claro que, se uma equipe de fato partilha um objetivo comum, relacionamentos pessoais podem surgir sem demora, caso o líder deseje e resolva trabalhar partindo da estrutura e das convenções já existentes para facilitar o processo cooperativo.

Implicações dessa discussão

Hoje, as empresas fazem todo tipo de experiência para definir funções, revelando grande flexibilidade no modo de alocar papéis e autoridade. Com essas experiências, pretendem estreitar relacionamentos. Chefes, subordinados diretos, membros de equipe e recursos de outras equipes insistem em se conhecer em um nível mais pessoal, incentivando mais fraqueza e, com o tempo, mais confiança e segurança psicológica para falarem e serem ouvidos.

Em um relacionamento de Nível 2, digo "Vejo você", o que não significa necessariamente "Gosto de você" ou "Quero ser seu amigo", e muito menos "Vamos reunir nossas famílias". No entanto, deixo claro, por meio de minhas palavras, atitude e linguagem corporal, que estou absolutamente ciente de sua presença; que nesse relacionamento trabalhamos juntos e dependemos um do outro, e tentamos estimular a confiança mútua e ver o outro não como um simples colega que é funcionário, associado ou membro de equipe, mas como uma pessoa integral. Ver o outro como pessoa integral é, em primeira instância, nossa escolha. Já sabemos como agir de modo pessoal nas vidas social e privada: a Liderança Humilde implica fazer essa escolha consciente na vida profissional. Resumindo:

- A Liderança Humilde se baseia nos relacionamentos pessoais de Nível 2, que não só dependem de franqueza e confiança, como as estimula.
- Caso os relacionamentos de Nível 2 ainda não existam no grupo de trabalho, a primeira tarefa do novo líder consiste em desenvolver nesse grupo confiança e franqueza.
- Em um grupo de Nível 2, a Liderança Humilde surge quando se capacita quem quer que tenha informação ou habilidade relevante a se comunicar com clareza e aprimorar o que o grupo está tentando conseguir.
- O processo de criar e preservar os relacionamentos de Nível 2 exige mentalidade de aprendizado, atitudes cooperativas e talento em dinâmica interpessoal e de grupo.
- Um grupo às voltas com tarefas complexas, em ambiente volátil, precisa desenvolver essa mentalidade, atitudes e habilidades em todos os seus membros.
- Sendo assim, a Liderança Humilde é, ao mesmo tempo, um fenômeno de grupo e um comportamento individual.

Resumo e plano de ação

Descrevemos o conceito de *nível de relacionamento* como base para definir o que entendemos por Liderança Humilde. Também esclarecemos que a atual cultura administrativa, historicamente derivada e composta de um bom número de ideias arraigadas sobre funcionários como encarregados de desempenhar certo papel, por exemplo, "recursos humanos", não percebe que os próprios valores e pressupostos geram alguns dos problemas de qualidade, segurança e dedicação ao trabalho tão comuns hoje em dia. Portanto, é necessário um novo modelo, baseado em ideias diferentes.

Esses novos pressupostos se inspiram na ideia fundamental de que precisamos nos basear não na competência individual, mas em modelos de relacionamento e processos de dinâmica de grupo. Entender a Liderança Humilde implica compreender os níveis de relacionamento, que serão o tema do próximo capítulo.

> O futuro precisa de um novo conceito: **Liderança Humilde**, baseado em relações de franqueza e confiança de **Nível 2**.

Dois
Níveis de relacionamento culturalmente definidos

Todas as teorias de liderança reconhecem que ela envolve "relacionamentos", mas poucas se dão o trabalho de analisar e explicar o que entendem por essa palavra. Para nós, o conceito de relacionamento se refere, em termos sociológicos, ao modo como as pessoas se conectam umas com as outras. Quando discutirmos cultura administrativa, sustentaremos que essas conexões interpessoais encerram um significado particular no contexto da hierarquia e da burocracia. Na medida em que enfatizamos os diferentes *níveis* de relacionamento, devemos começar explicando o que entendemos pela palavra em si e mostrando como o contexto cultural norte-americano proporciona níveis de relacionamento implicitamente definidos, em torno dos quais podemos basear nosso próprio conceito de Nível 2 aplicado ao trabalho. A fim de entender a fundo o processo de Liderança Humilde, é necessário compreender também as interações sutis que ocorrem em um relacionamento e como elas se vinculam aos níveis de abertura e confiança.

O QUE É RELACIONAMENTO?

Relacionamento é um conjunto de *expectativas mútuas* sobre o comportamento futuro das pessoas envolvidas, baseado em interações que se deram entre elas. Há relacionamento quando conseguimos antecipar o comportamento do outro até certo ponto. Quando dizemos que temos um "bom relacionamento", significa que ficamos mais ou menos à vontade com a outra pessoa, sensação baseada no conhecimento de como ela reagirá. Além disso, partilhamos a certeza de que visamos a um objetivo comum, que aceitamos ou com o qual concordamos. Essa sensação confortável é o que costumamos chamar de *confiança*. "Sabemos" o que esperar da outra pessoa. Nosso nível de confiança reflete o grau de consistência de nosso comportamento e do comportamento dela.

Relacionamento é, por definição, um conceito interativo. Para que o relacionamento exista, deve haver certa simetria nas expectativas mútuas. Se confio em você e você não confia em mim, com certeza não manteremos um relacionamento confiável. Se posso antecipar seu comportamento, mas você não pode antecipar o meu, ainda assim não existe relacionamento. Se amo você, mas você não me ama, podemos ter um relacionamento formal de transação, mas ele é assimétrico e poderá evoluir ou terminar. Essa simetria é obtida em determinada cultura por aquilo que aprendemos a esperar uns dos outros nos papéis sociais normais que desempenhamos. Sabemos o que esperar em se tratando de gênero, relacionamentos hierárquicos e transações baseadas em funções que constituem a rotina diária. Aprendemos a reagir uns aos outros dentro desses relacionamentos funcionais. Chamamos isso de boas maneiras, civilidade e tato.

Essas rotinas prescritas de conversa interativa nos são ensinadas com o tempo. Aprendemos também até que ponto podemos chegar na confiança mútua, até onde podemos nos abrir uns com os outros nas variadas situações que enfrentamos. Até que ponto posso confiar em você, até que ponto você se abre para mim, respeitando o que lhe digo, são graus prescritos em nossa cultura pelos papéis que desempenhamos no contato diário. Até que ponto devemos ser francos e confiar no outro é resultado da prescrição implícita nesses papéis. Se pedimos informação sobre um endereço, esperamos uma resposta confiável. Se estamos comprando um carro usado, esperamos uma conversa bem menos convincente. No entanto, o que quase sempre se esquece é que as regras de civilidade e do tato diferem conforme os níveis de relacionamento. Examinemos de novo os quatro níveis já definidos e em seguida estudemos as implicações do que queremos dizer quando afirmamos que a Liderança Humilde tem de funcionar no Nível 2.

Quatro níveis de relacionamento

Nível Negativo 1: total dominação e coerção interpessoais.

Nível 1: papel transacional e supervisão com base em regras, serviço e todas as formas de relacionamentos solidários.

Nível 2: relacionamentos pessoais cooperativos e confiáveis, como em amizades e equipes eficientes.

Nível 3: compromisso mútuo total, emocionalmente íntimo.

GRAU DE *PERSONIZAÇÃO* COMO DIFERENCIADOR CRÍTICO DE NÍVEIS

Personização não é uma palavra com erro ortográfico, mas a apresentação de um novo conceito destinado a esclarecer qual é a real diferença entre os níveis e a distinguir esse conceito de "personalização", termo que acabou associado a "customização", isto é, ao processo de oferecer serviços ou produtos com base em escolhas e necessidades pessoais do cliente.

A *personização* é o processo de construção mútua de um relacionamento de trabalho com um colega, membro do grupo, chefe, subordinado etc., com base na tentativa de ver essa pessoa como um todo, e não na função que esteja desempenhando no momento. A *personização* começa a acontecer quando uma das partes, logo no início da conversa, pergunta ou revela algo pessoal. Significa que uma ou ambas as partes dedicaram-se a fundo, abrindo-se à vulnerabilidade de serem ignoradas, repelidas ou desrespeitadas. Em todas as interações, investimos alguma coisa e esperamos algo em troca. A *personização* é, intrinsecamente, um processo interativo recíproco.

Por que você, como gerente, desejaria *personizar* o relacionamento com seus subordinados diretos? Por que você, como empregado, desejaria *personizar* o relacionamento com seu chefe? Nosso raciocínio é: você desejaria fazê-lo para maximizar a possibilidade de serem ambos honestos um com o outro, sentindo-se assim em segurança para falar sobre coisas que não estão indo bem quando não houver entendimento mútuo e, sobretudo, quando um precisar da ajuda do outro. Você desejaria estreitar esse relacionamento para ter certeza de que seus subordinados diretos, colegas ou chefe se empenhariam em prol de objetivos comuns, cumprindo qualquer promessa feita. Ao estreitar o relacionamento, vai desejar também convencer seus subordinados, colegas ou chefe de que podem confiar em que você será honesto com eles.

Personizar não significa ser bonzinho, distribuir bons cargos e boas condições de trabalho, gratificações generosas ou horários de expediente flexíveis. Significa construir relacionamentos que propiciem o cumprimento das tarefas e evitem a indiferença, a manipulação ou, pior ainda, a mentira e a dissimulação, tantas vezes presentes no ambiente de trabalho.

Nas interações que ocorrem entre você e seus subordinados diretos, você minimizará a "subordinação" a fim de enfatizar a colaboração, a responsabilidade conjunta e sua disposição a ajudá-los para que *eles* sejam bem-sucedidos. Passar ao Nível 2 equivale a exprimir, em atos e palavras: "Quero conhecê-lo com mais intimidade para que confiemos um no outro e façamos melhor nosso trabalho". Não precisamos nos tornar amigos e saber tudo da vida privada um do outro, mas precisamos aprender a ser honestos nas questões de trabalho.

Acreditamos ser possível manter um relacionamento mais próximo, mais franco e mais confiante no ambiente de trabalho sem ultrapassar os limites da privacidade e da conveniência. Podemos nos conhecer no trabalho suficientemente bem para confiar um no outro e cumprir as tarefas sem, necessariamente, tornarmo-nos amigos e sairmos juntos. Todavia, se o trabalho exigir um nível mais elevado de colaboração (como acontece em uma equipe de Navy Seals), podemos construir relacionamentos mais receptivos ou íntimos a fim de obter um nível superior de confiança e comunicação capaz de fazer frente a circunstâncias extremas.

Em suma, é crucial entender o processo de *personização* porque ele é o mecanismo pelo qual se constrói o nível de confiança necessário em situações de trabalho interdependente. Precisamos compreender que existe certo grau de confiança em cada nível, mas que, para a Liderança Humilde, é necessário um nível de confiança mais próximo das relações de Nível 2. Olhemos para cada nível do ponto de vista de como a *personização* influencia a honestidade e a confiança a fim de determinar, em particular, até onde a cultura administrativa de Nível 1 chegou, comprometendo essa franqueza e confiança.

Nível Negativo 1: Relacionamentos negativos

Este nível diz respeito à situação inusitada em que, em essência, não nos tratamos como seres humanos, como seria o caso entre senhores e escravos, guardas de prisão e prisioneiros ou, lamentavelmente, cuidadores e pacientes emocionalmente enfermos ou idosos em hospitais e asilos. No mundo empresarial, não se espera encontrar essa exploração e indiferença, mas de vez em quando vemos isso em oficinas nas quais costureiras são exploradas, em fábricas de certos países e, infelizmente, nas atitudes de alguns gerentes que consideram os empregados apenas mão de obra contratada. Onde o Nível Negativo 1 é aceito, os empregados costumam caracterizar sua situação de trabalho como "desumana", mas toleram-na por achar que não têm outra escolha. Já nos referimos, por exemplo, ao recente artigo da *The New Yorker* (Grabell, 2017), que descreve, com certo detalhe, como um grande produtor de frangos explora imigrantes sem documentos ameaçando denunciá-los às autoridades para deportação caso se queixem de baixos salários, longos expedientes ou condições de trabalho perigosas e desumanas.

A *personização* não existe nesse relacionamento, que impossibilita a "liderança" empresarial porque os respectivos seguidores nem entenderão nem se sentirão motivados a fazer o que o líder quer que façam. Mas, como sabemos, alguns prisioneiros aceitam um relacionamento transacional de Nível 1 com seus captores, tornando-se "fiéis" ou colaborativos, enquanto outros mergulham na apatia ou forjam relacionamentos mais pessoais de Nível 2 entre si. Por exemplo, nos campos de prisioneiros de guerra chineses e norte-coreanos, durante passeios permitidos de jangada para tomarem um pouco de ar fresco no rio, os prisioneiros organizavam a seguinte rotina: um deles caía "por acidente" na água, obrigando os guardas a correr para resgatá-lo; mas logo descobriam, depois de deixar o prisioneiro a salvo, que outro havia caído do lado oposto, enquanto todos faziam ares de "inocentes" (Schein, 1956). Essa nova maneira de incomodar os guardas e divertir-se tornou-se um importante processo de distribuição de liderança de Nível 2 entre os prisioneiros de guerra.

A dominação e a coerção resultam, primeiro, no surgimento de estreitos relacionamentos de Nível 2 entre os dominados e, depois, na invenção de meios para minar o objetivo dos dominadores, o que nas indústrias/fábricas se torna uma das forças promotoras da sindicalização. De modo paradoxal e, em certo sentido, trágico, o que começa como subcultura antiempresarial pode também se desenvolver como hierarquia e burocracia formal, produzindo assim uma liderança muito menos efetiva no seio do sindicato e um conflito intergrupal explícito entre "capital e trabalho".

Nível 1: Relacionamentos transacionais, burocráticos e "profissionais"

Como membros de uma sociedade civilizada, seria de esperar, no mínimo, que nos *reconhecêssemos* uns aos outros como seres humanos semelhantes. Queremos que os outros notem nossa presença ainda que não nos "conheçamos", exceto em nossos empregos ou papéis a serem desempenhados. Os relacionamentos de Nível 1 são tidos como impessoais e não emotivos, a não ser quando algo inesperado acontece para suscitar ansiedade ou cólera, como esbarrar em alguém, ouvir ameaças ou acabar sendo "desrespeitado" de alguma maneira. Interações ou conversas são intercâmbios rotineiros ou do tipo "toma lá dá cá", baseados em expectativas mútuas e baixos níveis de investimento pessoal. Dou-lhe alguma coisa, você diz "obrigado"; você me faz uma pergunta, sinto-me obrigado a responder. Isso é tão automático que só o percebo quando deixa de acontecer; quando alguém se mostra mal-educado ou age de forma muito pessoal.

Os relacionamentos de Nível 1 abrangem um leque muito amplo, inclusive o modo de tratar estranhos e conhecidos casuais; o modo de tratar chefes, colegas e subordinados diretos no trabalho; e o modo de tratar conexões de serviços pessoais mantidas com médicos, advogados e outros especialistas nos quais se confia. Os relacionamentos de Nível 1 são comuns no cotidiano, interrompidos de vez em quando por conexões mais pessoais de Nível 2. A distinção entre esses relacionamentos rotineiros está no fato de o vínculo se dar entre dois *papéis*: por exemplo, quando vamos a um hospital ou clínica, podemos encontrar médicos diferentes a cada vez, ainda que seja para a mesma queixa, ou, no trabalho, podemos ter novos chefes após reorganizações. Depois dessas várias mudanças, quase sempre nos sentimos pouco à vontade vendo pessoas diferentes no mesmo papel; entretanto, do ponto de vista da empresa, isso é aceitável, porque se presume que as pessoas encarregadas dos papéis tenham competência equivalente naquilo que esses papéis exigem. Tratamos os outros como semelhantes até o ponto em que não nos prejudiquem, pessoas com quem manteremos um nível polido de franqueza na conversa; mas não sentimos a necessidade de "conhecê-los", exceto no desempenho de papéis e conforme as diferentes posições.

Boa parte de nossa vida profissional ocorre no Nível 1 porque serviços, lojas, hospitais e empresas com os quais temos contato são organizados burocraticamente para também nos tratar nesse nível. Essa é, em geral, a fonte de nossa insatisfação com a burocracia. Não gostamos de ser tratados de modo impessoal, sobretudo no trabalho – e menos ainda quando o chefe finge ser acessível, mas sentimos que age assim porque lhe disseram que isso era desejável, que envolver e motivar empregados é importante. Conseguimos perceber essa atitude com clareza, o que nos torna indiferentes, quando não ressentidos. Em suma, *o líder não pode fingir um relacionamento de Nível 2*. Nós, humanos, temos um faro aguçado para a autenticidade, a sinceridade e a consistência, sobretudo quando consideramos essas qualidades essenciais para os relacionamentos no trabalho.

Nas conversas rotineiras de Nível 1, a norma ou regra é preservar, e não destruir o "tecido social". Isso se torna possível graças à compreensão comum de que a conexão é formal e distante, não exigindo nem tolerando um investimento demasiadamente pessoal. Considere-se a "síndrome do espectador", segundo a qual a pessoa gosta de observar, mas não de se envolver em situações que exijam mais investimento pessoal. Contudo, mesmo nesse nível jogamos conforme as regras da reciprocidade que a cultura requer. Por exemplo, quando alguém avisa: "Vou lhe contar uma coisa engraçada que ouvi outro dia", é quase certo que, não importa quão sem graça seja a história ou piada, o ouvinte fará de tudo para rir a fim de compensar o esforço do outro para diverti-lo.

O conceito de "fachada" se refere a esse apoio mútuo exigido. A fachada pode ser concebida como a quantidade de valor que reivindicamos em determinada situação. Na interação social comum de Nível 1, tentamos preservar a fachada um do outro, ou seja, não queremos desvalorizar o que nos é oferecido na conversa. Rimos da piada, respondemos às perguntas e tentamos assumir um papel comparável ao projetado pela outra pessoa, a seu nível de investimento emocional. Desempenhamos o papel de adulto responsável, que preserva um bom relacionamento.

Quando queremos melhorar o relacionamento, reagimos acrescentando valor por meio de respostas positivas, elogios, agradecimento ou comentário do mesmo valor, como outra piada ou uma observação mais pessoal. Podemos dizer: "Essa piada foi boa" ou "Gostei muito". Se quisermos cortar o relacionamento, seremos rudes e resmungaremos: "Não achei graça", ou apelaremos para o esnobismo, declarando: "Já ouvi coisa melhor...". Mas, se estivermos seriamente interessados em conhecer a fundo a outra pessoa, recorreremos à *personização*, fazendo mais perguntas pessoais ou revelando dados mais íntimos sobre nós mesmos.

Limitações de confiança e franqueza relacionadas ao papel a ser desempenhado

Mesmo com a distância psicológica e social que tomamos em relação a estranhos, espera-se e se tem como certo algum nível de confiança e franqueza. Quase todas as pessoas internalizam as regras culturais de civilidade, boas maneiras, educação e correção política, que tornam possíveis as atividades sociais e os intercâmbios. Esperamos muito dos outros em nossas várias relações transacionais, quando precisamos de serviços de diversos tipos, quando mantemos relacionamentos burocráticos na vida empresarial e, mais relevante para essa análise, nas transações que pressupõem o desempenho de papéis, que chamamos de "profissionais".

Em condições normais, esperamos dizer a verdade, mas aprendemos também que, se ela for danosa ao outro ou nos colocar em desvantagem, é aceitável recuar ou mesmo mentir. Em um relacionamento de vendas, esperamos certo grau de exagero e dissimulação; e, nos relacionamentos sociais, certo grau de lisonja e apoio mútuo. Em muitas transações de vendas e serviços, ficamos com um pé atrás, daí a expressão latina *caveat emptor* ("cuidado com o vendedor"). No caso de ajudantes profissionais, procuramos recomendações e esperamos que eles não nos enganem, nos mintam ou nos prejudiquem.

Relacionamentos de Nível 1 pressupõem distanciamento social ou profissional. O conceito de distanciamento profissional é especialmente relevante nos relacionamentos entre médico e paciente ou entre advogado e cliente, em que o médico ou o advogado são especialistas que devem saber mais e podem, portanto, emitir diagnóstico ou parecer. Isso permite ao especialista fazer todo tipo de pergunta pessoal. Ao mesmo tempo, aceita-se que o paciente ou cliente não tenham, em troca, o direito de fazer tais perguntas ao médico ou ao advogado.

Presume-se que seja do interesse dos pacientes dizer a verdade, mas sabe-se que, por vários motivos, alguns ocultam informações e não contam ao médico que deixaram de seguir o tratamento prescrito (Gawande, 2014). Infelizmente, isso muitas vezes compromete o objetivo comum de melhorar a saúde. Do mesmo modo, os clientes não raro omitem informações a seus advogados, comprometendo a qualidade da ajuda legal que recebem. É comum que subordinados diretos não relatem aos chefes os obstáculos com que se deparam para implementar o que os chefes desejam. Se indagados diretamente sobre o andamento das coisas, às vezes acham mais fácil disfarçar: "Vão bem, sem problemas. Tudo está sob controle" – mesmo que não esteja. Os funcionários talvez não desejem ser os "mensageiros alvejados", talvez queiram poupar os chefes ou talvez tenham aprendido, com o tempo, que chefes não gostam de receber más notícias.

Vejamos este exemplo: um cirurgião ortopedista, ocupado em reparar um osso quebrado, provavelmente precisará da ajuda do anestesista, da enfermeira instrumentista e de outros membros da equipe para obter informação confiável no curso da cirurgia. Já ouvimos médicos dizerem que os membros da equipe têm a "responsabilidade profissional" de não esconder nada. Mas já ouvimos também enfermeiras e médicos assistentes jovens confessarem que não se dão o trabalho de contar tudo ao cirurgião.

Por outro lado, como mostrou nosso Exemplo 1.5, o cirurgião que realiza uma operação complicada e delicada de coluna, vendo-se diante de uma equipe de estranhos na sala de cirurgia, perceberá que depender apenas da "competência profissional" e da boa vontade dos membros não vai garantir uma comunicação e colaboração francas. Ele vai precisar, portanto, fazer um esforço extra, como observar a fundo cada um dos membros da equipe, para dar a entender que depende deles. Isso significa, em essência, uma tentativa, *in loco*, de *personizar*, de ir além do relacionamento baseado em desempenho de papéis para forjar um relacionamento mais pessoal de Nível 2 e, assim, aumentar a probabilidade de que todos os membros daquela equipe lhe dirão o que for preciso ou chamarão sua atenção caso o vejam na iminência de cometer um erro.

Ou seja, relacionamentos de Nível 1 baseados em diferentes papéis são o cerne de nossa rotina diária. Quando o trabalho é bem programado, esses relacionamentos funcionam sem entraves. Nosso raciocínio segundo o qual precisamos passar para o Nível 2 se baseia na observação de que a própria natureza do trabalho está mudando com rapidez em uma direção que exige relacionamentos mais *personizados*, que criem segurança psicológica e, portanto, estimulem a comunicação, a colaboração e a solidariedade.

Nível 2: Relacionamentos que reconhecem a pessoa como um todo

O paradoxo do Nível 2 é que sabemos como agir nele com amigos e familiares, mas muitas vezes evitamos fazer o mesmo no trabalho porque não achamos isso seguro nem gratificante.

A essência do Nível 2 é que a outra pessoa, seja ela patrão, empregado, colega ou parceiro, deixa de ser vista como um "papel" – uma pessoa parcial e indiferenciada, que deve ser mantida "profissionalmente" distante – e passa a ser considerada uma pessoa *plena*, com quem podemos desenvolver um relacionamento mais pessoal em torno de objetivos e experiências comuns. O Nível 2 abrange todas as formas de amizade e convivência, mas, para fins de aprimorar a cultura administrativa, vamos limitá-lo aos relacionamentos de trabalho. Dentro desses limites, propomos que gerentes, médicos, advogados e outros profissionais comecem a criar relacionamentos de caráter mais pessoal com seus subordinados diretos, pacientes e clientes, desde o primeiro contato. Abrindo logo a porta para a *personização*, ambas as partes podem começar a se tratar como pessoas plenas, e não como meros papéis. Podem começar a "ver-se" (Schein, 2016). A *personização* acontecerá sem demora caso perguntemos algo pessoal ou revelemos algo íntimo sobre nós mesmos. Por exemplo, um empregado, vendo a foto do chefe com roupas pesadas contra o frio, perguntará: "O senhor gosta de navegar?"; ou, vendo um retrato de família, indagará: "É sua família?", o que convidará de imediato a uma conversa mais pessoal.

Como gerente, se você *personizar*, minimizará a "subordinação" em proveito da colaboração e da responsabilidade conjunta, deixando clara sua disposição para ajudar os subordinados diretos a ter êxito. Passar para o Nível 2 significa exprimir, em atos e palavras: "Quero conhecê-lo melhor para podermos confiar um no outro e fazer um excelente trabalho". Não precisamos nos tornar amigos nem saber tudo sobre a vida privada um do outro, mas temos de aprender a ser honestos nas questões de trabalho.

Esse tipo de relacionamento implica um nível mais profundo de confiança e abertura em termos de (1) assumir e cumprir os compromissos e as promessas feitas ao outro; (2) concordar em não minar os esforços do outro nem prejudicar o que se combinou fazer e (3) prometer não mentir para o outro ou ocultar informações importantes para a tarefa comum.

A nosso ver, é possível manter um relacionamento próximo, mais franco e confiável no contexto do trabalho sem prejuízo da observância dos limites de privacidade e conveniência. Podemos nos conhecer suficientemente bem no trabalho, confiar uns nos outros e realizar as tarefas sem, necessariamente, nos tornarmos amigos ou conviver fora do escritório.

Um relacionamento de Nível 2 não se torna automático apenas porque o chefe ou o empregado decide que assim será. Os relacionamentos se desenvolvem e são negociados por meio de inúmeras interações nas quais esforços para *personizá-los* foram feitos e aceitos, podendo ser eles bem-sucedidos ou não. No exemplo anterior, o chefe poderá responder com entusiasmo ou enfado à pergunta sobre esportes náuticos, enviando assim um sinal a respeito do grau de sua disposição a *personizar.* O Nível 2 é construído aos poucos, com experiências de franqueza que mostram às partes quais são os limites apropriados e onde existe a ameaça de se ir longe demais em assuntos particulares.

Como salientou Amy Edmondson em seu influente livro sobre trabalho em equipe (Edmondson, 2012), *aprender juntos* é uma das melhores maneiras de as pessoas se "conhecerem" porque, nesse contexto, o chefe e o empregado dão um ao outro informações e sugestões diretas a respeito de como o trabalho poderá ser aperfeiçoado. Isso não significa que eles, necessariamente, se tornarão amigos, mas que vão se conhecer como pessoas plenas no contexto de cumprimento de certa tarefa; chegarão a conhecer a fundo os respectivos conjuntos de habilidades e os aspectos da personalidade que contribuirão para a realização do serviço.

Edmondson dá um impactante exemplo, em seu estudo, de equipes médicas que tentam uma cirurgia inovadora e difícil. As equipes que tentaram e desistiram por ser uma cirurgia "muito complicada" confiavam na habilidade profissional individual; as que conseguiram aplicar os procedimentos foram a princípio reunidas pelo cirurgião cardíaco após um pedido de colaboração, e os membros decidiram, juntos, reservar um tempo para aprenderem uns com os outros por meio de simulações que levaram a uma confiança e honestidade crescentes (Edmondson *et al.*, 2001). O cirurgião do Exemplo 1.5 tentou conseguir isso com rapidez enfatizando uma cuidadosa revisão da lista de verificação.

Hoje, fala-se muito em "engajar" os empregados, em dar-lhes tempo para projetos pessoais, para aproveitamento de seus talentos de maneira mais sistemática. Contudo, só se pode engajar uma pessoa, nunca um papel. O gerente interessado no engajamento, no envolvimento e no empoderamento dos empregados deve concentrar-se em criar, primeiro, relacionamentos de Nível 2.

Resumindo: acreditamos que o nível de um relacionamento de trabalho precisa refletir, em última análise, a natureza da tarefa a ser executada. Quanto mais essa tarefa exigir colaboração, comunicação franca e confiança na dedicação do outro, mais ela exigirá relacionamentos *personizados* de Nível 2. Haverá ainda tipos de trabalho em que relacionamentos transacionais de Nível 1 continuarão existindo. Mas temos de nos conscientizar de que esses relacionamentos possuem limitações no âmbito da honestidade e da confiança que não podem ser superadas apenas pela declaração de que logo haverá mais confiança e franqueza. *Fazer a cultura administrativa passar do Nível 1 para o Nível 2 é a tarefa que define a Liderança Humilde.*

Nível 3: Intimidade e apego emocional, amizade e amor

Os relacionamentos de Nível 3 são o que poderíamos chamar de íntimos ou próximos, amizades que vão além das conexões mais casuais de Nível 2. Esse nível tem maior carga emocional e implica toda a confiança e honestidade do Nível 2, mas, além disso, pressupõe que, ativamente, ajudemos e tenhamos um comportamento emotivo e emocional em relação uns aos outros. O Nível 2 implica dar apoio e evitar magoar o outro. O Nível 3 implica buscar ativamente maneiras de ajudar o outro a melhorar.

Aprofundamos os relacionamentos graças a ciclos sucessivos em que vamos revelando mais e mais detalhes de nossos sentimentos, reações e observações pessoais ou mesmo privados; e avaliamos até que ponto o outro aceita aquilo que revelamos levando em conta o que ele próprio revela. Níveis sucessivos de revelação e aceitação recíprocas acabam por levar a um grau de intimidade no qual todas as partes se sentem à vontade – e esse grau vai variar conforme a personalidade e a situação. O nível da própria *personização* poderá variar: em relacionamentos muito próximos, decidimos quão pessoais devemos ser, tanto para salvaguardar a intimidade do outro quanto para reconhecer os limites pessoais que todos temos, mesmo nos relacionamentos de Nível 3. Nas relações de trabalho, as variações dependem também da tarefa.

Presume-se, de modo geral, que seja bom evitar o Nível 3 na vida empresarial porque ele pode se tornar confraternização, nepotismo e favoritismo inadequado, situações consideradas na cultura administrativa um impedimento à realização do trabalho, quando não a presença de corrupção. Chefes não devem se envolver na vida pessoal dos próprios chefes, colegas ou subordinados diretos. Romances no escritório costumam ser considerados impróprios, em especial quando não se faz nenhuma tentativa para disfarçar a intimidade. Presentes e gratificações não são tidos como um incentivo legítimo para que as coisas sejam feitas. Essas e outras regras de intercâmbio adequado ou inadequado se aplicam a todos os relacionamentos de trabalho.

A diferença entre Nível 2 e Nível 3 é, em essência, uma questão de intensidade, e o limite pode variar em função da tarefa. Por isso funciona tão bem no ambiente de trabalho: revelamos algo mais íntimo a nosso respeito ou fazemos perguntas mais pessoais ao outro a fim de averiguar até que ponto são bem recebidas ou ofensivas, descobrindo assim que nível de intimidade é mais aceitável e relevante para o cumprimento da tarefa. Nos últimos anos, temos observado que a cultura norte-americana de trabalho parece estar forçando os limites, como indicado por nosso uso da sigla coloquial "TMI" (*too much information* – "informação em excesso"), um sinal construtivo de que, talvez, o nível de informação pessoal partilhada vem ultrapassando o limiar das conveniências. Para alguns de nós, essas perguntas, respostas e revelações pessoais fazem parte de um processo natural fácil; para outros, são embaraçosas. Todos sabemos *personizá-las* em diversos contextos, de modo que o problema consiste apenas em legitimar essas conversas no ambiente de trabalho, embora pareçam difíceis ou desagradáveis, pois é necessário que a tarefa seja concluída por completo e com segurança.

É inevitável que os limites entre os Níveis 2 e 3 sejam contingenciais, individuais, partilhados e dinâmicos. Nossa cultura oferece orientações e limites para a franqueza e a intimidade, e cada um de nós desenvolve um senso pessoal do que é privado, a ser dividido apenas com amigos muito próximos e membros da família. Tudo, porém, é sempre contextual. Há algumas tarefas e situações atípicas, como as que envolvem equipes de alto desempenho, nas quais podemos presumir que o profissionalismo de Nível 1 é a norma, mas o sucesso, na verdade, exige relacionamentos bem mais próximos do Nível 3. Nesses casos, muitos dos quais descrevemos no capítulo 5, o cumprimento bem-sucedido da missão requer um alto nível de conhecimento íntimo de como cada pessoa trabalha, um recurso extremo de "concluir as frases do outro" ou uma cooperação quase extrassensorial baseada na "superempatia", se nos for lícito cunhar mais um termo.

Ao definir esses níveis, não estamos afirmando que os limites sejam claros a princípio, ou que as respostas dos outros sejam sempre previsíveis. Parte da construção de um relacionamento de Nível 2 consiste em descobrir mutuamente os limites da *personização*, e cada parte determinar como a outra responde a uma variação de grau em relação à franqueza, encontrando o nível de conforto em que ambas confiem uma na outra, contando que serão sempre honestas e confiáveis entre si.

Temos de entender bem o último ponto: o Nível 2 *não* pressupõe ser agradável ou gostar do outro, embora esse possa constituir um benefício incidental ou tornar mais fácil atingir o objetivo. Mas, nos grupos de trabalho, o Nível 2 é decisivo para que cada membro se sinta seguro no âmbito psicológico, estabelecendo-se assim uma comunicação bidirecional e confiável, de modo que a tarefa seja cumprida com mais rapidez, quando não de melhor maneira.

Resumo e conclusões

Definimos a natureza do relacionamento e postulamos que, consciente ou inconscientemente, nós o estabelecemos por meio das várias sequências de comportamento que exibimos nas mais diversas situações. Nesse sentido, os relacionamentos podem ser *elaborados e aperfeiçoados*, com o processo de elaboração começando logo na primeira interação entre duas pessoas, dentro de um grupo ou quando um supervisor se encontra pela primeira vez com um novo empregado.

Discutimos os quatro níveis de relacionamento assinalados por diferentes graus de confiança e franqueza, com base em vários graus de *personização*. A definição dos limiares dos quatro níveis é bem clara; todavia, quando definimos "relações de trabalho", temos de reconhecer que, no Nível 1, podem existir relacionamentos muito francos e confiáveis, fundamentados em definições precisas de tarefa e papel, enquanto no Nível 2 há um amplo leque de graus de *personização* dependendo da tarefa.

O desafio, para a Liderança Humilde, é construir confiança e honestidade de Nível 2, tornando-nos mais pessoais tanto nas perguntas quanto nas respostas; ao mesmo tempo, devemos evitar a formalidade do distanciamento profissional de Nível 1 e as violações de privacidade evidentes na intimidade de Nível 3. Uma das habilidades que definem a Liderança Humilde consiste em preservar o equilíbrio entre excesso de formalismo e excesso de intimidade.

> Relacionamentos transacionais, com base no desempenho de papéis, precisam se tornar relacionamentos de Nível 2 *personizados*.

Três

Liderança Humilde no governo: a história de Singapura

O leitor pode estranhar que Singapura seja mostrada aqui como um excelente exemplo de Liderança Humilde, já que ela é muitas vezes apresentada como exemplo de um regime ditatorial – e ditadura e Liderança Humilde parecem categoricamente incompatíveis. No entanto, a abordagem que os antigos líderes Lee Kuan Yew, Goh Keng Swee e seus colegas adotaram para criar uma moderna cidade-Estado partindo de uma colônia economicamente decadente exemplifica dois pontos importantes: primeiro, que a Liderança Humilde não precisa ser branda nem boazinha; e, segundo, que a Liderança Humilde pode extrapolar os limites da empresa e se tornar uma cultura de Nível 2 de um governo, fundamentando as instituições econômicas que ele adota. Sim, acreditamos que a Liderança Humilde contribuiu para o sucesso econômico de Singapura!

Este resumo e análise se baseiam em observações e entrevistas que Ed e sua esposa Mary fizeram sobre a cultura do Singapore's Economic Development Board de 1993 a 1995 e durante vários encontros com singapurenses nas últimas décadas, mais recentemente com Philip Yeo, por ocasião de sua visita a Stanford em 2017 (Schein, 1996; Schein e Schein, 2017).

Resumo histórico

A história de Singapura é um caso óbvio de Liderança Humilde porque Lee e seus colegas tinham um fortíssimo relacionamento de Nível 2: conheceram-se quando estudaram juntos no Reino Unido nos anos 1940. Sabiam que a tarefa deles como futuros líderes seria bastante complicada e ambiciosa, implicando uma série de objetivos estratégicos de longo prazo e ações pragmáticas imediatas.

Reconheceram que tinham pela frente um problema sociotécnico complexo, pois sua sobrevivência econômica dependia de convencerem grandes empresas a investir em Singapura, e isso não seria possível caso Singapura não criasse um ambiente atraente e seguro para os céticos investidores estrangeiros. Isso significava nada menos que "limpar" a cidade, modificando o comportamento dos cidadãos e formando um governo absolutamente destituído de corrupção.

A parte mais difícil de uma estratégia de longo prazo para atrair investimentos estrangeiros e convencer empresas a construir fábricas e centros de pesquisa em Singapura era formar um governo livre de corrupção, absolutamente confiável, que pudesse assumir e cumprir compromissos. Em entrevistas, a primeira coisa que os CEOs decididos a investir em Singapura diziam para justificar seu investimento era: "Não há corrupção e eles cumprem suas promessas" (Schein, 1996).

Para tornar Singapura atraente a executivos estrangeiros, Lee e sua "equipe" impuseram leis draconianas a fim de deixar a cidade perfeitamente limpa e construir um aeroporto tão bonito que os visitantes murmuravam: "Parece o de Zurique". Essas leis ditatoriais precisavam ser palatáveis aos cidadãos; por isso, Lee deixou claro que elas eram fruto de uma estratégia de desenvolvimento econômico que proporcionaria emprego e moradia a todos – e começou a implementar de imediato essas políticas em ambas as frentes.

O plano econômico seria administrado por um Conselho Econômico de Desenvolvimento (CED), criado em 1961, uma organização semigovernamental formada por alguns dos melhores executivos disponíveis em Singapura, como Philip Yeo, seu primeiro executivo-chefe. Todos no governo tinham várias funções, e o trabalho em equipe se tornou um valor central em torno do objetivo comum de construir Singapura. Isso exigia de todos os membros do governo um alto grau de franqueza, confiança e colaboração. Eis um dos mecanismos que garantiam esse nível de colaboração: alguns dos principais líderes desempenhavam várias tarefas e se revezavam com frequência, a fim de adquirir familiaridade com todos os elementos do governo. A rotatividade nas funções, como no Exemplo 1.1, reforçava a "responsabilidade de grupo", que suplementou a individual de maneira decisiva, estimulando a cooperação mútua em unidades que, em outros sistemas, acabavam por competir entre si.

Para criar um governo que pudesse trabalhar dessa maneira franca e confiável com investidores estrangeiros, Lee recrutou os melhores e mais brilhantes jovens singapurenses, deu-lhes excelentes bolsas de estudo para as melhores universidades de outros países e trouxe-os de volta para um serviço de cinco anos no governo, com salários competitivos.

A Liderança Humilde se revelou, nesse contexto, de várias e diferentes maneiras. Em primeiro lugar, Lee e seus colegas procuraram a ajuda das Nações Unidas e de vários consultores europeus que pudessem ter experiências comparáveis na construção de um país. Lee reconhecia o que ignorava e não tinha vergonha de pedir ajuda. À medida que diversas indústrias se instalavam em Singapura, funcionários do governo logo iam aprendendo com elas o melhor modo de conduzir certas coisas. Quando entrevistado por Ed em 1994, Lee mostrou-lhe, com muito orgulho, uma coleção de manuais sobre administração pessoal que tinha encomendado para uso do governo. Disse que os escolhera porque a Royal Dutch Shell Company, empresa que ele admirava muito, os utilizava também.

A organização do CED exemplificava como a hierarquia e a burocracia não geram automaticamente os problemas que mencionamos nos capítulos 1 e 2. Ao contrário, se o princípio é obter relacionamentos francos e confiáveis, isto é, relacionamentos de Nível 2, é possível ter tanto uma hierarquia rígida quanto papéis claros, desde que se valorizem bastante o conhecimento mútuo em um nível pessoal adequado e o interesse geral por um objetivo comum.

Os funcionários do CED tinham liberdade e incentivo para consultar qualquer outro, acima ou abaixo da hierarquia, quando precisavam de informação sobre investidores do momento ou futuros. As promoções se baseavam com clareza em uma mescla de talentos individuais e capacidade comprovada de colaborar com os colegas. A rotatividade frequente de cargos, permitindo o desempenho de várias funções, tornou possível a todos conhecerem todos, preservando-se assim a confiança e a franqueza. Em entrevistas com jovens funcionários do CED, eles sempre afirmavam que competiam entre si por uma promoção, mas que a capacidade de formar equipes para um trabalho conjunto constituía um dos principais critérios pelos quais eram avaliados.

O CED se tornou uma organização internacional com funcionários alocados em todos os grandes centros industriais a fim de estabelecer conexões que pudessem atrair investimentos para Singapura. Era impressionante como os bem treinados funcionários do CED dominavam as técnicas necessárias para fazer seu trabalho. A comunicação com a sede e entre si era frequente e totalmente franca. No papel, o CED em nada se diferenciava de uma hierarquia e uma burocracia tradicionais; mas conseguia funcionar como uma equipe interconectada, graças ao alto grau de confiança baseado em uma comunicação franca.

Era óbvio que Lee estava no comando, e o restante do mundo o via como um poderoso ditador, criticando-o de forma áspera porque ele suprimia os partidos políticos dissidentes capazes de minar sua estratégia de longo alcance. Ele se justificava cumprindo as promessas de dar ao povo emprego e moradia. Treinou seu filho para assumir o poder depois dele, o que, é claro, gerou uma imagem negativa de nepotismo. Mas estava claro que o filho teria de revelar todos os talentos exigidos para continuar a promover o crescimento de Singapura. O nepotismo, em si, não é uma falha nas teorias de *design* empresarial; a falha consiste em promover parentes sem o talento empresarial exigido. O governo de Singapura era tão honesto que a incapacidade do filho não só se tornaria notória como impossibilitaria sua nomeação.

Confirmação imprevista

O êxito de Singapura é hoje bastante conhecido e a cultura de Nível 2 no governo, implantada e em pleno vigor, nos foi há pouco confirmada por uma visita de Philip Lee. Ele manteve seu relacionamento com Ed por anos, visitou Stanford, e convidou Peter e Ed para um encontro em um laboratório de pesquisa em biotecnologia no *campus*.

Philip deixou a liderança do CED para assumir vários outros cargos no governo, como a gerência do Departamento de Defesa, criando o setor de biotecnologia. Isso significou recrutar pessoas e montar parcerias com empresas de biotecnologia dispostas a transferir parte de sua pesquisa e produção para Singapura. Philip havia adquirido uma dessas empresas na Alemanha, em 2016, e buscava conexões de pesquisa com uma seleção de professores de Stanford.

Philip e Ed se tornaram amigos durante o projeto de pesquisa do CED, de modo que Philip queria visitar Ed, encontrar-se com Peter e apresentar-nos aos líderes da empresa alemã com quem Singapura estava fazendo parceria. Foi notável a informalidade dessa reunião, com Philip se mostrando muito franco conosco, com seus dois executivos da área de biotecnologia, o CEO alemão e o COO norte-americano. Considerando-se que estavam presentes à reunião três níveis hierárquicos, três culturas e dois estranhos, foi de fato impressionante como a conversa se desenrolou com facilidade e franqueza, durante mais de uma hora, sobre todos os aspectos do que acontecia com a nova empresa, em Singapura e no mundo.

O que vimos em Philip foi um executivo motivado, empreendedor e dinâmico que sem dúvida era capaz de *personizar* e, portanto, implantar com rapidez relacionamentos de Nível 2 entre os executivos de suas equipes administrativas. Tudo isso está em trechos da entrevista que apareceram em uma recente biografia de Philip Yeo escrita por Peh Shing Huei (2016), em que Yeo se descreve como um vendedor arguto e empreendedor que pergunta "Por que não?" em vez de "Por quê?". Enfatizamos esse ponto para esclarecer de vez que não há nenhuma incompatibilidade entre a *personização* de Nível 2 e todas as outras qualidades dinâmicas associadas a grandes líderes e empreendedores.

Peh entrevistou muitos colegas de Philip que se intitulavam "Vacas Loucas" e que queriam "Fazer a diferença para mudar o mundo". Davam à liderança de Yeo o apelido de liderança "pipa":

> Para tirar o melhor dos outros, não seja paternalista. Trate-os como pipas... Solte-os no ar e, se não houver vento, tente de novo. Todas as pessoas precisam decolar. Se se meterem em encrenca, puxe a linha. (Peh, 2016, p. 204.)

Yeo detestava a microgerência. Deixava que as pipas subissem. Seria esse um caso único de um indivíduo especial, com talentos inusitados? Talvez; mas Ed conheceu várias pessoas assim quando fez sua pesquisa em meados da década de 1990 e, em sua biografia, Yeo repete inúmeras vezes que suas atividades administrativas tinham o apoio vigoroso de Goh, seu chefe, que às vezes aparecia do nada para defender decisões bastante controvertidas. O que tornava isso possível era a absoluta confiança entre Lee, Goh e Yeo, baseada no fato de realmente "se conhecerem" e na disposição de Yeo a conhecer também, em suas aquisições recentes, as pessoas que recrutava e em quem confiava.

Até agora, parece que Singapura conseguiu preservar sua cultura de Nível 2 e impedir a regressão à polarização de Nível 1 (em silos), com a consequente perda de franqueza e confiança. Quando refletimos sobre essa história, fica claro que os relacionamentos de Nível 2 precisam estar presentes nos fundadores e futuros líderes, e que eles, coletivamente, reconhecem a importância de manter esses relacionamentos durante seu crescimento bem-sucedido. Isso tem muito a ver com o processo de localizar os melhores e mais brilhantes colaboradores, proporcionar-lhes uma boa educação, empregá-los no serviço público em níveis comparáveis aos empresariais e enfatizar bastante o valor da cooperação em benefício de um objetivo estratégico amplo.

Evolução de papéis e relacionamentos: crescimento e arrogância

Se os líderes do processo de comando mantêm relacionamentos de Nível 2 entre si, podem criar normas culturais que apoiem mais franqueza e confiança dentro de uma organização hierárquica. Consegue-se isso ao impedir que os papéis a serem desempenhados se tornem rígidos e ao implantar a rotatividade de funcionários-chave nas principais funções, para que cada um saiba o que está envolvido no trabalho dos outros.

Insistimos: a Liderança Humilde é um processo que reflete não traços de caráter, mas valores coletivos que os grupos levam para seu trabalho. Em pequenas *startups* e empresas de foco único, preservar a honestidade e a confiança pode ser tão vital, normal, natural e decisivo quanto o ato de respirar. Todavia, com o correr do tempo, o sucesso, o crescimento e as novas gerações de líderes (como aconteceu com o CED no Exemplo 1.3 citado antes), a Liderança Humilde pode se tornar vulnerável ao próprio êxito.

Nesse caso, julgamos que o verdadeiro perigo, associado à crescente escala organizacional, é a regressão à liderança transacional de Nível 1: surge o "distanciamento profissional" e não mais se enxergam maneiras novas e melhores de fazer as coisas, e não se estreitam mais relacionamentos de Nível 2 com as pessoas certas, capazes de seguir em uma nova direção. Uma vulnerabilidade relacionada são o clientelismo e o nepotismo, quando determinados membros da equipe ou da família passam a ser protegidos em suas funções, afastando líderes emergentes em vez de acatar suas ideias, inovadoras e melhores. Outra vulnerabilidade é a megalomania ou o egoísmo irracional dos líderes humildes originais, que podem se convencer do próprio brilhantismo e deixar de lado a abertura e a flexibilidade que levaram a seu sucesso em um primeiro momento. Quanto disso já aconteceu ou acontecerá à medida que Singapura envelhecer, não se sabe.

Lições a se tirar dessa história de Singapura

- Os principais líderes montaram um grupo cooperativo, cujos membros mantinham relacionamentos francos e confiáveis entre si. Esse grupo conseguia planejar e se responsabilizar pela maioria das grandes mudanças estruturais que pedia e apoiava.
- A fim de formar um governo franco e confiável, elaborou-se um plano de longo prazo para estimular os melhores talentos do país, propiciando carreiras comparáveis às que esses aprendizes poderiam ter em cargos de elite na iniciativa privada.
- Relacionamentos francos e confiáveis eram valorizados em todos os níveis da estrutura de governança, bem como nas respectivas estruturas políticas e econômicas.
- O uso em curto prazo do poder arbitrário na governança é justificável caso haja um sério problema de sobrevivência sociotécnica a ser resolvido.
- A cultura baseada na Liderança Humilde está inevitavelmente sujeita a mudanças quando a organização cresce, envelhece e se torna mais complexa. Os líderes devem ficar atentos às forças de erosão, que mais protegem as pessoas e convenções do que a franqueza de Nível 2, responsável por catalisar a adaptação contínua.

A **Liderança Humilde** capacitou os chefes de Estado de Singapura a dar um novo rumo ao desenvolvimento econômico do país.

QUATRO
TRANSFORMAÇÃO DE UM CENTRO MÉDICO EM UMA CULTURA DE NÍVEL 2

A ESTA ALTURA DE NOSSA análise, parece pertinente considerar por inteiro uma organização que está a caminho de relacionamentos de Nível 2 em todas as suas interações nas áreas de pessoal, hierarquia, limites ocupacionais e, principalmente, pacientes e suas famílias. Pode uma organização inteira de assistência médica evoluir e manter o que gerará uma cultura de Nível 2?

Sabemos que a assistência médica vem se movendo nessa direção, enfatizando tarefas que exigem alto grau de coordenação (Gittell, 2016). Sabemos também que vários hospitais adotaram diversas versões de reexame de seus processos de trabalho, recorrendo a diferentes tipos de modelos de reengenharia. Sabemos, por fim, que há um forte apelo pela "coprodução" de saúde que envolva, de um modo mais ativo, pacientes e famílias com os profissionais da área, a fim de melhorar a "saúde da população" em geral (Nelson *et al.*, 2007). Vemos exemplos claros de novos modelos colaborativos em salas de cirurgia (Edmondson, 2012) e de emergência (Valentine e Edmondson, 2015; Valentine, 2017). O que temos no caso do Virginia Mason Medical Center (VM), de Seattle (Estados Unidos), é um sério esforço de quinze anos feito pela diretoria, pelo CEO e pela liderança no sentido de fazer avançar toda a cultura do hospital rumo ao Nível 2, em torno do valor supremo que é *fazer o melhor para o paciente.*

A história do VM começou em 2000 e tem sido meticulosamente documentada por sua importância em demonstrar o que é possível (Kenney, 2011; Plsek, 2014). Nossa análise desse caso se baseia tanto na extensa documentação de como a mudança foi feita quanto nas muitas conversas pessoais que Ed teve com o CEO, Gary Kaplan, e vários outros executivos do VM nos últimos dez anos. Ed também conversou com um grupo de 32 executivos seniores do VM sobre promoção da cultura empresarial e administração de mudanças. Esses encontros forneceram, em primeira mão, dados sobre como os altos executivos se relacionam entre si.

Como fazer um "novo pacto"

A transformação do VM começou em uma época de desempenho financeiro desafiador. Após um mandato de vinte anos, o CEO se aposentou e outro, Gary Kaplan, foi nomeado. Ele era médico interno na instituição e mostrara grande interesse em melhorar a qualidade geral do VM como hospital. Ed ouviu a história do VM pela primeira vez da boca de Kaplan, em 2006, em uma reunião com sete executivos seniores do hospital, convidados para o *think-tank* anual de três dias liderado por Jack Silversin e sua esposa, Mary Jane Kornacki, em sua casa de Rockport, Massachusetts (Estados Unidos). Jack era conhecido nos círculos administrativos hospitalares devido a seus seminários, com administradores e médicos de destaque, sobre o modo de redesenhar o "pacto" entre médicos e administradores da organização (Silversin e Kornacki, 2000, 2012; Kornacki, 2015).

Inúmeros programas de mudança nunca decolam ou fracassam porque os valores culturais do pessoal médico e administrativo entram em conflito em vários níveis e não representam uma visão comum do futuro da organização. Silversin ajudou a melhorar o sistema de muitos hospitais promovendo seminários intensivos focados na coordenação de grupos, com base em uma visão do futuro que eles partilhavam, e, depois, fazendo-os comprometer-se com expectativas claras e recíprocas quanto ao que médicos e administradores deveriam fazer para promover o progresso da organização rumo a essa visão do futuro. Feito esse pacto, todas as partes deveriam envolver-se, recebendo orientação e ajuda ou – quando não conseguissem mais acompanhar as novas normas – saindo da empresa.

Era óbvio para Gary que uma grande transformação no VM exigiria o empenho e o entusiasmo tanto dos administradores do alto escalão quanto dos médicos. Sua intuição sobre a necessidade de algo mais que um simples relacionamento transacional de Nível 1 se refletiu na decisão de convidar Silversin para entrevistar os principais envolvidos, inclusive os médicos, a fim de descobrir se um novo pacto seria útil para o VM naquela altura de sua evolução. Após a avaliação, dar início ao pacto exigia que centenas de médicos e administradores do alto escalão se conhecessem com mais intimidade em um cenário de retiro, onde explorariam o terreno comum, determinariam o que seria melhor para a experiência e a saúde dos pacientes e, em seguida, começariam a assumir compromissos de Nível 2 entre si. Mas esse era apenas o primeiro passo.

Escolha da metodologia de mudança

O progresso da implementação do Lean (conjunto de métodos do sistema de produção da Toyota) na organização foi bastante discutido em nosso encontro anual em Rockport, porque ele se revelou bem-sucedido, primeiro na consecução de um novo pacto médico destinado a tornar a segurança e a experiência total do paciente o foco principal da transformação, e, segundo, na análise e melhoria dos processos de trabalho do VM. Kaplan explicou que, logo depois de assumir o cargo de CEO, convenceu-se de que um sistema não poderia ser modificado por completo, a menos que um único modelo transformacional fosse adotado e ensinado a todos os envolvidos no programa de mudança. Possuir um modelo comum, com um vocabulário único e processos padronizados, para administrar a mudança também permitiu uma *personização* mais rápida. Gary aprendeu sobre o sistema de produção da Toyota com Carolyn Corvi, uma executiva sênior da Boeing que participara de sua implementação nesta última empresa. Ela incentivou Gary a tentar os mesmos métodos no VM e, mais tarde, tornou-se presidente do Conselho do Virginia Mason. Por acaso, em um avião, um executivo do VM havia conhecido um consultor especialista nesses métodos, que se ofereceu para ajudar Gary e sua equipe a explorá-los mais a fundo.

Como envolver a diretoria e os executivos seniores

Gary concluiu também que obter um compromisso comum com uma metodologia única para a transformação exigiria que os principais executivos compreendessem de fato essa metodologia e a aceitassem. Uma vez convencido de que valia a pena explorar o método Lean/Toyota, convocou alguns líderes da área médica, administradores e membros da diretoria para uma viagem de catorze dias ao Japão, onde observariam como o sistema de produção da Toyota funcionava na indústria automobilística (e outras) do país. No último dia da viagem, o grupo decidiu por unanimidade ir adiante e introduzir aquela metodologia no VM.

Gary sabia que o grupo não poderia, sem ver o sistema funcionando, aprendê-lo ou começar a ter uma ideia de como ele poderia ajudá-los a administrar o centro médico. Em princípio, aprenderia por imitação e identificação; depois, por tentativa e erro, quando lançasse os próprios projetos.

Em uma conversa em março de 2017, Ed perguntou a Gary até que ponto era importante envolver a diretoria, assegurando que, sem o envolvimento dos diretores, não poderia manter o novo programa ao longo de décadas, levando em conta os altos e baixos resultantes das mudanças do mercado em Seattle. A resposta de Gary não se fez esperar:

> É absolutamente essencial. Por isso sempre levei vários membros da diretoria ao Japão, o que acabou se tornando um evento anual.

E prosseguiu com uma importante ideia sobre o processo de aprendizado e o que realmente significava contar com o apoio da diretoria:

> Não basta que os diretores *entendam* o programa e lhe *deem sua bênção*. Na verdade, não entenderão as mudanças que os médicos e administradores vão promover *a menos que eles próprios tenham tido uma experiência direta, que tenha lhes proporcionado não apenas uma ideia, mas um efetivo entusiasmo pelo que viram.*
>
> Era essencial também que eles entendessem e se familiarizassem com o processo de produção da Toyota porque, com o desconhecimento dos detalhes técnicos pela maior parte da organização, muitas das mudanças não poderiam ser implementadas. *Fazendo*

essas viagens e aprendendo juntos, eles estreitavam relacionamentos que os tornariam úteis como peças essenciais do sistema.

Hoje, exige-se que todos os membros da diretoria participem dessa experiência de aprendizado de duas semanas no Japão em seus três primeiros anos: é uma condição para serem reelegíveis.

Gary confirmou, assim, o que constatamos repetidas vezes com os muitos projetos de mudança que observamos e dos quais participamos: eles são cancelados no meio do caminho, *mesmo quando estão sendo bem-sucedidos*, porque a diretoria não entende o processo de transformação e, em decorrência, traz um novo CEO. Se o novo CEO não entende o progresso feito, cedo ou tarde acaba cancelando ou revertendo o processo de melhoria e volta aos relacionamentos de Nível 1.

Implementação do sistema e observação de alguns resultados

Gary entendeu também que uma transformação não pode ser *imposta*. Assim, após a viagem ao Japão, experiências em seminários sobre atividades de aperfeiçoamento eram fundamentais para os médicos e toda a equipe. As pessoas começaram a perceber a relevância disso para o próprio trabalho. Mais tarde, grupos passaram a se oferecer como voluntários para eventos de aprimoramento, sendo incentivados a apresentar propostas, obter aprovação e aprender os detalhes do sistema Toyota para que todos ficassem atualizados. Essa atividade e esses eventos pressupunham criar relacionamentos de Nível 2 com todos os membros da organização que seriam afetados pela mudança sugerida, a fim de garantir que compreenderiam e implementariam a decisão.

Na área industrial norte-americana, pelo sistema Toyota, os especialistas em produção costumam observar o trabalho, entrevistar os empregados sobre o andamento das tarefas, redesenhar o processo e tentar impô-lo aos membros do sistema, o que muitas vezes leva à resistência ou à franca rejeição da solução encontrada pelos especialistas. A fim de evitar essa resistência nos projetos do VM, os líderes envolveram todos os empregados, inclusive médicos, enfermeiros, técnicos, funcionários de funções correlatas, como farmacêuticos, e mesmo pacientes e as respectivas famílias. Esse grupo ampliado de participantes ajudou a definir e implementar essa maneira nova e melhor de realizar as coisas que *eles ajudaram a criar*.

Gary enfatizou que isso funcionava devido à anuência de todos os principais líderes, em particular os diretores, a respeito de um objetivo comum que funcionasse como critério final para se decidir se determinada mudança era desejável ou não: "Isto vai melhorar a qualidade da experiência total do paciente?". Por mais óbvio que esse objetivo pareça em retrospecto, quando algumas equipes de trabalho examinaram o sistema implantado, descobriram que ele fora construído em princípio com base, sobretudo, no princípio de proporcionar a melhor experiência *para os médicos.*

Também se reconheceu que muitos dos fracassos dos programas de mudança na área industrial resultavam da necessidade administrativa de cortar custos e aumentar a produtividade, graças aos vários programas de "reengenharia" que haviam sido desenvolvidos, sem se considerar o impacto nas pessoas, tanto como fontes de informação sobre a maneira de melhorar as coisas quanto como trabalhadores que teriam de usar o novo sistema criado pelos engenheiros. Os projetos do VM giravam em torno de uma visão de longo prazo, segundo a qual a qualidade e a produtividade aumentam com o tempo quando todos se envolvem no projeto de transformação (Kenney, 2011; Plsek, 2014).

A reestruturação do centro oncológico do VM, por exemplo, apresentaria um enorme desafio caso o objetivo fosse torná-lo eficiente e confortável para o paciente, em vez de beneficiar apenas os médicos e suas equipes. Isso envolvia instalar todos os equipamentos de diagnóstico e processos terapêuticos em uma única área para que os pacientes não precisassem percorrer todo o hospital a fim de serem diagnosticados e tratados. Descobriu-se que, para alcançar esse objetivo, o espaço ocupado pelo centro de dermatologia era ideal para o centro de oncologia; portanto, a equipe de liderança precisaria se entender com o departamento de dermatologia para convencê-lo a ceder seu espaço – algo que se obteve com o trabalho junto aos membros do departamento de dermatologia no esboço de um espaço melhor para eles próprios, muitas vezes exigindo um estreitamento vigoroso do relacionamento entre os envolvidos durante meses ou anos. Esse processo exemplificou a conclusão de que tais mudanças só funcionam e duram quando todos os participantes desenvolveram relacionamentos de Nível 2, aprenderam a ser francos e a confiar na dedicação uns dos outros, e, mais importante ainda, participaram da criação e implementação da mudança.

Essa abordagem intensiva nos anos seguintes permitiu que o VM transformasse muitas de suas atividades. Por exemplo, o pronto-socorro pôde implementar um processo que reduziu de forma drástica o tempo de espera e o desconforto ao proporcionar diagnóstico e tratamento imediatos. As dependências da atenção básica foram redesenhadas para melhorar o fluxo de trabalho por meio da relocação de diversas funções críticas. Organizaram-se alas que levavam em conta a interação enfermeiros-pacientes, em vez de enfermarias, para permitir que os enfermeiros mantivessem um relacionamento de mais qualidade com os pacientes.

Criou-se um sistema de alerta para a segurança dos pacientes, sendo o equivalente médico do "parar a produção" da linha de montagem da Toyota. No hospital, se algum membro da equipe de tratamento percebesse um problema, ele poderia interromper o processo para que se fizesse uma revisão imediata. Esse alerta logo reunia todos os membros necessários da equipe, com seus líderes, em um só lugar, para detectarem o problema com rapidez e tomarem as providências necessárias. Isso incentivava a proximidade de relacionamento entre toda a equipe do hospital.

Quando ocorria um erro de diagnóstico ou tratamento, procurava-se identificá-lo com clareza, para que as causas sistêmicas pudessem ser detectadas e corrigidas, em vez da abordagem mais tradicional de descobrir o "culpado" para censurá-lo. Envolvendo todos, assim, em uma atmosfera em que era quase sempre seguro "abrir a boca", tornou-se possível encontrar as interações complexas que provocavam erros.

Com base na observação direta e em conversas com as pessoas, ficou evidente que o programa em geral conseguira instaurar um clima de confiança mútua nos três níveis superiores da organização, o que lhes permitiu encarar mais construtivamente o problema dos conflitos interdepartamentais. O elevado grau de franqueza e confiança nesse grupo foi a chave para se preservar a segurança dos pacientes e a alta qualidade das experiências com eles, embora a crescente complexidade econômica e política pressionasse o orçamento.

Reflexão: facilitação na figura da Liderança Humilde

Costumamos associar liderança a grandes e inovadoras visões, e a história do VM por certo exemplifica isso. Sem a visão clara e a vontade de Gary Kaplan em promover uma transformação, o programa do VM não iria adiante, como muitos outros. É importante esclarecer, portanto, que Kaplan, como líder humilde, também facilitou pessoalmente a implementação dessa visão com um bom número de intervenções que seriam consideradas mais pertencentes à esfera da consultoria de processo ou da "consultoria humilde" (Schein, 2016).

Nosso objetivo ao contar essa história é enfatizar o que consideramos uma parte importante da Liderança Humilde – a mentalidade, ideias interpessoais e de grupo, e habilidades de equipe que levaram a relacionamentos de Nível 2 na organização, tudo se combinando para tornar a implementação da visão uma realidade duradoura. Decisões como levar membros da diretoria ao Japão são exemplos de criação de relacionamentos de longo prazo, essenciais para que novas ideias e valores sejam implantados. Tendemos a classificar erroneamente esses tipos de decisão como fatores de "facilitação", em vez de considerá-los atos genuínos de Liderança Humilde.

Em seus primeiros escritos sobre consultoria de processo e auxílio, Ed sempre observou que as habilidades para facilitar e auxiliar deveriam integrar o repertório de qualquer líder. O que estamos dizendo agora, no contexto da complexidade e da interdependência, é que essas habilidades para facilitar e auxiliar se tornaram a parte *principal* da liderança atual, e que elas devem ser cada vez mais aplicadas em todos os níveis da organização. As promoções, em uma hierarquia, têm de ser baseadas tanto nessas habilidades interpessoais e de grupo quanto no conhecimento técnico e em realizações.

Precisamos começar a levar a sério esta ideia: intervenções como fatores de facilitação, treinamento, solução de problemas e catalisação são ações básicas de liderança quando induzem um grupo de trabalho a fazer algo novo e melhor. A Liderança Humilde pressupõe convocar e conduzir reuniões com eficiência porque estas, para darem resultado, têm de se integrar à solução dos problemas (coerência de grupo). Precisamos reconhecer que transformar grupos em equipes, fomentar a colaboração, chegar a um consenso e solucionar conflitos são habilidades da Liderança Humilde. Boa parte do que se pede aos consultores de desenvolvimento empresarial em organizações contemporâneas terá de se tornar habilidades básicas de Liderança Humilde em todos os níveis.

Uma pergunta que sempre surge: essa transformação profunda do VM ocorreria sem que a crise financeira chamasse a atenção da diretoria? Organizações relativamente bem-sucedidas se tornam cada vez mais míopes, e logo não são mais capazes de enxergar problemas potenciais até que os custos aumentem, os lucros diminuam, um acidente grave ou mortes ocorram. Elas também ficam atentas ao que seus concorrentes estão fazendo e deveriam aprender com isso. Infelizmente, acabam por contratar um líder visionário apegado a modelos de liderança de Nível 1, que tenta fazer grandes mudanças recorrendo a processos de cima para baixo característicos desse nível, abalando assim o sistema, e conseguindo, de fato, pequenas e poucas modificações. Depois, ele parte em busca de um emprego melhor e falha em perceber que a cultura na verdade não mudou. Com muita frequência, a oportunidade de mudar se perde.

Principais lições da transformação

- A principal lição do caso VM é que o CEO começou por construir relacionamentos de Nível 2 com sua diretoria e executivos seniores em torno de um objetivo comum: tudo seria direcionado para o bem-estar e a segurança do paciente.
- Primeiro, o CEO *personizou* os relacionamentos, levando a equipe de executivos e alguns membros da diretoria ao Japão, para que vissem por si mesmos os métodos da Toyota e, mais importante ainda, aprendessem juntos. Entre os que foram às viagens anuais ao Japão estavam líderes emergentes, médicos e equipes de vanguarda.
- A fim de garantir a longevidade das mudanças e apoiar os novos relacionamentos, o CEO pediu que todos aprendessem a mesma metodologia de mudança. O aprendizado conjunto aprofundou os relacionamentos de Nível 2.

Um CEO da assistência médica desenvolveu **relacionamentos de Nível 2 com sua diretoria** e em todo o hospital para promover mudanças transformacionais.

Cinco

Liderança Humilde nas Forças Armadas dos Estados Unidos

Algum tipo de hierarquia, camadas de classificações formais ou níveis de *status* implícitos, faz parte de todo sistema humano. A hierarquia é uma característica estrutural da vida organizacional, mas o que de fato acontece entre quem está acima e quem está embaixo não é automaticamente prescrito. Temos hierarquias de administradores e professores em universidades, sócios seniores e juniores em empresas de serviços profissionais, presidentes de comitês e níveis de antiguidade em órgãos legislativos, diferentes graus de autoridade em grandes projetos de pesquisa e, é claro, níveis claros de autoridade e classificação no sistema de saúde, em que o pessoal da sala de cirurgia atua como uma equipe com até quatro dessas camadas.

O tipo de organização em que os relacionamentos de Nível 2 parecem mais inadequados são as Forças Armadas dos Estados Unidos, em que a própria essência do relacionamento é que você "obedeça às ordens de seu comandante". Esse estereótipo é baseado em histórias militares que destacam a importância, para o pessoal das Forças Armadas, de aprender a obedecer a ordens, não importando quão arbitrárias ou sem sentido sejam elas. Ao mesmo tempo, essas histórias relatam inúmeros casos de heróis individuais que optaram por desobedecer às ordens porque eram absurdas na situação real e, com isso, salvaram os compatriotas e/ou venceram uma batalha importante.

Um número crescente de histórias extraídas de conflitos recentes enfatiza o trabalho em equipe, a cooperação para além das fronteiras hierárquicas e o empoderamento das tropas para tomarem as próprias decisões no local (McChrystal, 2015; Fussel, 2017). O que, então, é "comando e controle" nas Forças Armadas hoje e como isso se relaciona com a Liderança Humilde?

Em outras palavras, o que de fato acontece entre um superior e um subordinado pode variar muito e diz respeito, em grau considerável, ao modo como a pessoa de nível superior escolhe se relacionar com aquelas que estão abaixo dela. Dependendo da situação real, um relacionamento hierárquico pode ser qualquer coisa entre o Nível 1 Negativo e o Nível 3, mas deve ser *pelo menos de Nível 2* para facilitar relacionamentos confiáveis, francos e psicologicamente seguros quando tarefas complexas estão envolvidas e vidas estão em jogo.

Exemplo 5.1 Transformação de seguidores em líderes em um submarino nuclear

Começamos resumindo alguns dos principais pontos do notável relato publicado sobre a transformação da cultura de um submarino nuclear de uma hierarquia de Nível 1 desmoralizada, "de acordo com as regras", em uma organização de Nível 2 de alto moral, eficaz e orgulhosa, baseada na filosofia da conversão de um sistema líder-seguidor em um sistema líder-líder (Marquet, 2012). Ainda havia a hierarquia militar, mas não os seguidores: cada um era líder em sua área de especialização. Ao contar a história, o capitão Marquet fornece detalhes suficientes para observarmos quanto disso dependeu de se aprofundar em relacionamentos de Nível 2 com todas as pessoas abaixo dele.

Marquet observa que a mentalidade tradicional da Marinha é receber ordens, seguir a tradição e evitar erros. Ele abordou o assunto de um ponto de vista diferente: tomar a iniciativa e buscar a excelência. Em uma hierarquia tradicional, os marinheiros aprendem a agir sem riscos, evitar erros e curvar-se. Marquet percebeu que esse comportamento mantinha os marinheiros longe de problemas, mas também resultava em baixo moral, baixa autoestima e desempenho apenas aceitável. Para aumentar o moral, os marinheiros teriam de se orgulhar em realizar um excelente trabalho. Levar um grupo a esse nível cabia ao líder designado a princípio, que nesta história percebeu como o submarino poderia ser mais eficiente e seguro se o líder criasse uma nova mentalidade e motivasse novas atitudes por parte da tripulação.

Marquet começou a construir seu relacionamento com a nova tripulação passando muito tempo em conversas com as pessoas e fazendo várias perguntas, porque na realidade não estava familiarizado com aquele tipo de embarcação e sua curiosidade era, em decorrência, honesta, não uma tática retórica. Sua observação geral levou-o a concluir que a primeira mudança tinha de ser feita no relacionamento com as pessoas mais influentes da embarcação, ou seja, os suboficiais (CPOs – *chief petty officers* ou "chefes").

Uma maneira de construir relacionamentos de Nível 2 com os "chefes" era reuni-los e *personizá-los*, perguntando com humildade: "Você está feliz com o que acontece aqui ou gostaria de encontrar uma maneira melhor de fazer as coisas?". Ele relata que precisou de muita conversa e tempo para fazer os CPOs perceberem que falava sério e não estava só esperando para revelar os próprios interesses ainda ocultos. E observa: "Como muitas vezes acontece, o fato de eu não saber a resposta com antecedência me ajudou. Em vez de uma reunião com um roteiro em que fingisse solicitar ideias, tínhamos uma conversa honesta" (Marquet, 2012, p. 170).

O grupo teve de deixar de se amparar no antigo sistema de permitir que apenas os oficiais superiores "comandassem e controlassem". No antigo sistema, eles se sentiam seguros, mas, no final, não se sentiam realizados. Isso levou ao baixo moral e à complacência em relação ao trabalho em si. Porém, o fato de não terem sido bem avaliados deu a todos um incentivo para melhorarem e, portanto, tornou-os receptivos ao que Marquet os instava a pensar. Quando as coisas estão indo bem na aparência, é muito mais difícil convencer uma organização a aceitar que podem ser feitas melhorias. Os CPOs, após a conversa com Marquet, concordaram em que não estavam realmente satisfeitos com o rumo das coisas.

A próxima pergunta-chave que Marquet fez foi se *eles* sabiam de algum procedimento que gostariam de mudar. Vale notar quanto essa pergunta é mais empoderadora do que a sugestão de algumas mudanças que oficiais ou inspetores externos houvessem identificado. Ela se baseia em curiosidade genuína e, como é de presumir, Marquet não poderia ter imaginado que a primeira coisa que os chefes queriam mudar era a política segundo a qual todas as licenças deveriam ser aprovadas pelos sete níveis de hierarquia da embarcação, o que muitas vezes gerava atrasos, dificultando muito, assim, o planejamento familiar e o descanso.

Mudar esse processo, tendo apenas o superior imediato para aprovar os pedidos de licença, ia contra o que a "letra" da Marinha exigia, mas Marquet resolveu tentar a mudança, sabendo que assumia um risco pessoal ao ir contra as regras, mas também percebendo que dava um importante exemplo pessoal ao ignorar normas e tradições quando elas já não faziam mais sentido. O novo sistema funcionou e elevou o moral de imediato.

Os CPOs aprenderam que, quando tinham ideias para mudanças, deveriam propô-las, e não esperar por ordens; em vez de ter receio em provocar conflitos, deveriam, ao contrário, ir em frente, discutindo as mudanças com o capitão e implementando-as caso fizessem sentido para todos. Para reforçar a atitude de iniciativa, Marquet mudou o sistema de dar ordens com base na sugestão de alguém, insistindo em que o subordinado apresentasse a sugestão na forma de "Senhor, pretendo... (mudar o curso, aumentar a velocidade etc.)", a que o oficial sênior responderia: "Muito bem", se achasse a ideia sensata. Marquet determinou ainda que frases hierárquicas como "solicitando permissão para", "eu gostaria", "o que devo fazer", "o senhor acha que deveríamos" e "será que poderíamos" fossem substituídas por "pretendo", "planejo", "farei" e "faremos", para que as pessoas se acostumassem a se sentir mais fortalecidas e à vontade quanto a suas intenções.

Marquet esclarece também que a organização formal desenvolveu um jargão muito preciso para melhorar a velocidade e a precisão das ordens, desencorajando, assim, a chamada conversa informal. Ele teve de reconstruir o que chamou de "pensar em voz alta" e "elencar suposições" sobre decisões propostas, tornando-os suplementos necessários para reforçar conexões de confiança – ironicamente, *para formalizar a comunicação informal.* Marquet treinou as pessoas para precederem seu "eu pretendo" com a explicação do motivo de acharem que aquela era a escolha certa em caso de decisão complexa ou controversa. As suposições só eram perigosas quando silenciadas, pois não se poderia testá-las.

Muitos teóricos da organização têm argumentado que organizações eficientes atingem seus objetivos porque a comunicação *informal* atua como suplemento e, com frequência, neutraliza mal-entendidos ou lacunas de comunicação que ocorrem rotineiramente nas trocas burocráticas de Nível 1. Aprender a falar com franqueza também se tornou um mecanismo importante nas "análises pós-ação", nas quais inspetores, oficiais superiores e membros da tripulação são igualmente responsáveis por dizer o que observaram e pensaram. No submarino de Marquet, ensinaram-se todas essas mudanças comportamentais para que as informações críticas fossem por fim "aceitas abertamente", o que direcionou a ênfase para o melhor desempenho com base em informações mais completas, em lugar da tendência a evitar erros ou atribuir culpa a quem errava.

À medida que a tripulação, nos vários departamentos do submarino, tornava-se mais confiante em exercer o próprio conhecimento em áreas nas quais era especialista, ela passou a achar mais fácil transferir esse mesmo poder aos subordinados diretos, de modo que o controle e a influência foram ficando cada vez mais nas mãos daqueles que sabiam como diagnosticar e consertar as situações locais que iam surgindo. O mais importante é que, sentindo-se mais responsáveis, os membros da tripulação detectavam mais áreas que precisavam ser melhoradas, descobriam maneiras de fazer as coisas melhor e, assim, tornavam-se líderes – o que exemplifica bem como um líder humilde vai subindo na escala da Liderança Humilde.

Nosso argumento de que isso reflete os cuidados de Nível 2 para com uma pessoa em sua plenitude, e não para com um papel desempenhado por ela, foi sugerido por uma das descrições de Marquet em que ele explica a todos os marinheiros alguns dos objetivos de excelência que justificavam uma nova regra de comportamento: o anfitrião deveria se apresentar aos que embarcavam declinando o próprio nome, chamando quem embarcava também pelo nome e ainda acrescentando um "Bem-vindo ao submarino". Ele acreditava que agir com orgulho fazia sentir orgulho. E o orgulho está na pessoa (quem sou eu), e não no papel (o que eu faço) que ela desempenha, simbolizado nesse caso pela indicação do próprio nome e do nome do recém-chegado.

Para explicar isso, Marquet convocou os cem tripulantes para uma única reunião em que todos se enfileiraram de acordo com seu posto, ficando atrás os marinheiros. Mas, percebendo que eles estavam desatentos e que provavelmente não iriam ouvi-lo muito bem, ordenou que viessem para a frente e se reunissem em torno dele, uma ruptura definitiva com o procedimento oficial. Isso mostrou até mesmo aos marinheiros de patente mais baixa que o comandante queria que todos ouvissem a mensagem, que todos eles importavam: em nosso exemplo do procedimento cirúrgico (Exemplo 1.5), o cirurgião, ao percorrer a lista de verificação ou levar sua equipe para almoçar, refletiu essa mesma intenção.

Em uma hierarquia tradicional, é do interesse do funcionário de posto inferior adotar a formalidade do Nível 1 porque ele acha mais seguro fazer apenas o que o chefe ordenou e não ter que pensar demais ou assumir tanta responsabilidade. Mas, se a pessoa de posto superior criar uma conexão de Nível 2 informal e mais pessoal, e o fizer de maneira autêntica, em vez de uma troca tática, criará um poderoso estímulo para que a outra se sinta valorizada e levada a sério.

Lições

A lição mais importante dessa história é que é possível transformar um sistema de controle de cima para baixo de uma hierarquia em um sistema de empoderamento, sem ter de abandonar a hierarquia. O que se faz necessário é a disposição, por parte da organização, em melhorar suas operações e um líder humilde cuja mentalidade, atitudes e habilidades comportamentais treinem com consistência os funcionários para mudarem de uma postura de prevenção de erros para uma de busca intencional da excelência. Também aprendemos com essa história que fortalecer a disposição requer paciência, persistência e consistência total por um longo período. Além disso, a disposição de Marquet para mudar alguns dos procedimentos tradicionais de rotina levou à descoberta de que os oficiais de alta patente acolheram com agrado essa nova maneira de fazer as coisas, em vez de punir Marquet por isso.

Uma segunda lição importante é que esse tipo de mudança requer discernimento e habilidade na gestão das relações de grupo. Em seu relato, Marquet fornece vários exemplos de como sua postura nada corriqueira é o que fez a diferença fundamental, induzindo os outros a mudarem seu comportamento e, por fim, suas atitudes.

EXEMPLO 5.2 OS THUNDERBIRDS E O *DRAFTING*: COMO O ALTO DESEMPENHO DEPENDE DE NÍVEIS MUITO ALTOS DE CONFIANÇA MÚTUA

O coronel da reserva J. V. Venable fornece em seu livro *Breaking the Trust Barrier* (2016) um relato detalhado de como os Thunderbirds da Força Aérea são treinados para voar em formações fechadas, com os aviões a apenas alguns metros um atrás do outro, tirando proveito do *drafting*. *Drafting* é a técnica que pássaros e corredores usam quando um fica bem atrás do outro para conservar energia e se mover mais rápido em equipe do que conseguiriam individualmente:

> O *drafting*, no trabalho em equipe, é um fenômeno que replica os benefícios aerodinâmicos de corpos se movendo juntos. Exige que os líderes inspirem intimidade entre indivíduos e entidades para proporcionar

> coesão, unidade de esforço e aceleração da equipe [...]. A diferença entre organizações de alto desempenho e aquelas que ficam aquém do padrão-ouro não é apenas o talento, mas até que ponto os líderes desenvolvem o projeto de sua equipe com o talento que possuem [...]. Para aproveitar os efeitos do *drafting* e inspirar confiança à sua equipe, você precisa se concentrar em preencher as lacunas [...]. Uma lacuna é a distância física ou emocional causada pela falta de competência, pela falta de confiança ou por uma necessidade social não atendida que degrada o desempenho. Se não forem preenchidas, as lacunas se tornarão assassinas do dinamismo e frustrarão qualquer possibilidade de confiança. (Venable, 2016, p. 14 e 17.)

Não discorreríamos melhor sobre a necessidade de estar pelo menos no Nível 2 e, talvez, até no Nível 3 no contexto de trabalho quando no caso de se assumirem tarefas complexas e arriscadas, que exigem coordenação rígida de todos os membros do grupo.

O coronel Venable descreve em detalhes as várias maneiras pelas quais *personizou* seu relacionamento com os membros da equipe a fim de obter comprometimento, garantir lealdade e incentivar confiança mútua. Por exemplo, o processo de integração de 21 dias enfatizou a necessidade de novos membros dependerem uns dos outros em vários exercícios para construir o "tecido conjuntivo". Vários rituais de engajamento forçavam-nos a se ouvirem com mais atenção e encorajavam mais revelações pessoais para acelerar a *personização*.

"Incrementar lealdade requer uma base de compromisso mútuo, mas a magia da lealdade depende de você *realmente conhecer* seu pessoal e o que o faz funcionar" (Venable, 2016, p. 69). A confiança, nesse contexto, torna-se então "a disposição de colocar você ou sua equipe em risco, acreditando que outra pessoa cumprirá sua tarefa, papel ou missão" (Venable, 2016, p. 119).

Lições

O que essa história mostra é que "aproximar-se" não é apenas uma questão socioemocional, mas tem sua contrapartida técnica no mundo do voo e das corridas. Os Thunderbirds, Blue Angels e outras equipes de aviação de alto desempenho *dependem* do *drafting* para realizar o que tentam fazer, enquanto no mundo dos negócios é mais uma questão de escolha.

Voltando brevemente a Singapura, quando conversamos com Philip Yeo sobre a época em que procurava empresas dispostas a se instalar em seu país, ficamos com a impressão de que ele definia seu sucesso de liderança em termos muito semelhantes. O patrão de Philip abria caminho para ele e Philip abria caminho para os vários subordinados diretos e colegas de trabalho, permitindo que fossem mais eficientes. No mundo das *startups*, vemos o mesmo fenômeno com empreendedores e fundadores técnicos, que arrastam parceiros e colegas para relacionamentos de *drafting* muito próximos e, portanto, são capazes de se mover com mais rapidez e eficiência.

Outro ponto que pode ser destacado nessa história é que, quanto mais clara e arriscada for a missão ou tarefa, mais importante será formar relacionamentos pessoais próximos. Mesmo os melhores profissionais, trabalhando em uma função de Nível 1, não podem ser inteiramente confiáveis porque é muito difícil prever o que o líder de Nível 1 fará quando a situação mudar e a equipe enfrentar ameaças ou desafios inesperados. O distanciamento profissional cria opacidade, que interfere em situações voláteis. É por isso que *aprender* juntos, em um ambiente simulado, torna-se uma atividade crucial de construção de relacionamentos (Edmondson, 2012).

Exemplo 5.3 Construção de responsabilidade conjunta de Nível 2 por meio de um objetivo comum claro: o exemplo dos mísseis Polaris

Dave é o presidente aposentado dos sistemas de defesa antimísseis Lockheed. Em sua carreira de quarenta anos como engenheiro de primeiro nível e depois gerente técnico e de programas, e em seus últimos cinco anos como presidente da divisão de sistemas de mísseis com 8 mil membros, ele esteve envolvido em todos os programas de mísseis da Lockheed. Isso inclui o Polaris, original da Marinha dos Estados Unidos, e cada um de seus sucessores, o Poseidon e o Trident, bem como os programas espaciais da Força Aérea dos Estados Unidos, como o Discoverer, os primeiros equipamentos de reconhecimento por satélite e os testes de defesa contra mísseis balísticos.

Durante várias reuniões com Ed na hora das refeições, Dave contou suas experiências e falou sobre o próprio estilo gerencial. O primeiro chefe do novo programa Polaris foi o contra-almirante William "Red" Raborn, que criou o programa e exigia que todos os envolvidos, contratados ou do governo, formassem uma *parceria militar-industrial* e se dedicassem ao sucesso da tarefa com integridade absoluta. Ele comunicava suas expectativas com total honestidade, admitindo erros e dando más notícias de imediato, para que os problemas pudessem ser enfrentados e resolvidos sem demora. Isso também significava tomar decisões com base não na conveniência ou no lucro de curto prazo, mas, sim, nos resultados de longo prazo, do começo ao fim. O objetivo geral era cumprir com sucesso algo que nunca havia sido tentado e fazê-lo dentro das restrições dos compromissos assumidos com os líderes nacionais. Compromisso mútuo e integridade eram os principais valores implícitos, e *a responsabilidade do grupo era tida como certa.*

No início da carreira, como engenheiro de projeto de controle de voo de primeiro nível, Dave trabalhou em um complexo sistema de teste milionário de disparos ininterruptos do primeiro míssil Polaris, totalmente viável. Ele vinha trabalhando havia vários meses com outro engenheiro de teste para criar um programa que interferisse nos controles do nariz do foguete destinados a orientar e estabilizar o míssil, fazendo-o mover-se para a frente e para trás durante o disparo de sessenta segundos. O objetivo era medir as deflexões do escapamento do foguete ao longo do teste e a resposta do sistema de orientação do míssil. O teste foi realizado, mas os controles do nariz se moveram apenas 10% do que fora planejado. Grande parte do objetivo do teste não foi alcançado, e Dave reconheceu que ele e seu parceiro haviam se comunicado mal sobre algumas medições importantes, o que resultou na falha. Quando uma grande equipe de revisão pediu a Dave e seu colega que prestassem contas do que acontecera, Dave disse: "Foi culpa minha", pois achou que deveria ter detectado o erro. O fato de ele reconhecer seu erro ganhou o respeito dos chefes, inspirando-lhes confiança em suas palavras. Assim, Dave constatou que a ênfase da administração na integridade não era apenas "conversa", mas uma postura real, e ele nunca se esqueceu disso.

Trinta anos depois, Dave se tornou presidente da mesma divisão de sistemas de mísseis durante o desenvolvimento final da sexta geração do programa de mísseis balísticos da frota, o Trident II. Ao passar em revista aqueles anos de sucesso, Dave enfatizou repetidas vezes tanto a integridade quanto a responsabilidade do grupo. Quando Ed lhe perguntou o que queria dizer com isso, ele mencionou de novo ser livre para falar, reconhecer erros, sempre encarar a verdade sem reservas e trabalhar em equipe para estabelecer os objetivos do programa. Acrescentou com ênfase que a confiança deve ser *conquistada* de modo contínuo, pois nunca pode ser dada como certa. "Deve-se sempre ser capaz de falar sem medo."

A prescrição de Dave: você pode começar a construir a confiança dentro do seu círculo de influência, praticando e esperando integridade em todos os aspectos dessa área. Você define o padrão e, em seguida, desencoraja o comportamento que não atenda a esse padrão. Se as pessoas ainda não seguirem esse padrão depois de serem aconselhadas, você as eliminará, lembrando-se de que, não importa o que os gerentes escrevam ou digam, eles demonstram sua verdadeira intenção por meio do comportamento que recompensam e toleram. Você obtém aquilo em que investe.

Ao mesmo tempo, você faz o possível para proteger aqueles que trabalham com ou para você das aberrações causadas pela falta de integridade fora de sua influência. Mesmo que falhe em manter essa proteção, se tiver tentado com sinceridade, aqueles que dependem de sua integridade vão reconhecê-la e acolhê-la. Outros fora do alcance de sua influência começarão a notar o resultado e serão afetados por ele em suas relações com o grupo. Isso é fácil? De modo algum! É trabalho difícil conquistar e manter a confiança no local de trabalho. Existe muita pressão conflitante, e o trabalho nunca termina. Mas os dividendos são enormes quando você está disposto a empenhar-se e tem a "coragem advinda de suas convicções".

Dave disse que se sentia muito feliz por ter pertencido a uma organização que valorizava a franqueza e o trabalho em equipe. À medida que suas responsabilidades aumentavam, ele observava como diferentes estilos de liderança presidiam às reuniões quando os problemas apareciam e eram resolvidos. Descobriu que a franqueza e a participação em grupo encorajavam o trabalho em equipe e a resolução dos problemas quando eles ocorriam. Quando os participantes se sentiam livres para revelar com sinceridade os problemas ou questões sem receio de nenhum risco, os planos de ação corretiva muitas vezes se beneficiavam do conhecimento e dos recursos de outras partes da organização. Embora alguns de seus subordinados diretos a princípio preferissem "reuniões breves com detalhes de ação corretiva reservados para subsequentes interações pessoais", Dave acreditava que a analogia "todos no mesmo barco" deveria ser o princípio orientador. Quando um vazamento ocorre de repente em uma parte do casco, pode ser responsabilidade de um indivíduo tentar tapá-lo, mas os demais ocupantes terão um interesse permanente em tirar a água do barco para evitar o naufrágio. Suas reuniões com a equipe foram, portanto, estruturadas para encorajar a identificação precoce e a apropriação de problemas reais e prováveis, além do desenvolvimento de planos de ação coordenados, sem excluir nenhum dos mensageiros. Quando um problema era aventado, Dave perguntava quem estava na liderança, se eles tinham tudo de que precisavam para determinar as soluções e como outras partes do projeto poderiam ser afetadas.

Dave continuou a enfatizar que a *responsabilidade conjunta* era considerada como algo certo e funcionava bem, mas dependia do alto nível de confiança e comunicação franca conquistado. Matar o mensageiro simplesmente não era tolerado.

Lições

Vimos nos capítulos 1 e 2 que a cultura gerencial desencoraja implicitamente grupos e reuniões, tendendo a menosprezá-los, a mantê-los no máximo de limitação e a queixar-se sempre deles como um mal necessário. Em todos os nossos casos, em particular no programa de mísseis de Dave, vimos líderes convocando reuniões como parte da solução de problemas e do processo de tomada de decisão. Eles acreditam em reuniões, aprendem como conduzi-las e ensinam os colegas e subordinados a valorizá-las. Ao fazer isso, Dave também revelou sua disposição de ir contra o que os próprios superiores talvez valorizassem.

Também ressaltamos que a cultura gerencial abomina a "responsabilidade de grupo", mas vimos exemplos de como, quando os objetivos são claros e a complexidade tecnológica requer alto grau de confiança mútua e coordenação de esforços, tal como no programa de mísseis, um grupo pode ser responsabilizado e reconhecer sua culpa, mesmo que o sistema que o cerca esteja procurando as causas originais e as maçãs podres para culpar quando algo dá errado.

A lição mais importante do ponto de vista da Liderança Humilde é, mais uma vez: essa liderança, bem exemplificada por Dave, não é nem suave nem fácil, mas possível, quando a complexidade da tarefa assim o exigir.

Exemplo 5.4 O caso de Liderança Humilde de um almirante

Recentemente, ouvimos uma história memorável sobre um almirante da reserva da Marinha dos Estados Unidos que exemplifica como o colapso da hierarquia e a abertura das portas para relacionamentos de Nível 2 às vezes podem acontecer de forma rápida e decisiva. O almirante, na época, comandava um porta-aviões da Marinha dos Estados Unidos com propulsão nuclear. Ele era o CEO de uma organização de 5 mil pessoas para a qual segurança e desempenho de alta qualidade eram as principais prioridades. Como cientista nuclear e piloto naval, sua formação, experiência e conhecimento prático o qualificavam de modo excepcional para os aspectos técnicos da missão. Mas seus instintos como líder é que são o tema desta história.

Houve um incidente na pista em que um erro no manuseio de calços e correntes, parte crítica das operações de aeronaves, poderia colocar vidas em risco ou causar a perda de aeronaves navais muito valiosas. O erro resultou do deslize de um dos encarregados da pista (um "camisa-azul", no jargão do porta-aviões), que se reportava a um oficial de manutenção de aeronaves (um "camisa-amarela").

Segundo a hierarquia naval normal e o protocolo, esse erro teria sido registrado, examinado *post-mortem* e corrigido, havendo uma reprimenda e consequências disciplinares para o camisa-azul. O almirante nos disse que isso não estava fora do curso normal das operações do convés de voo do porta-aviões. Coisas complicadas acontecem, e a Marinha dos Estados Unidos tem algumas centenas de anos de conhecimento organizacional para lidar com tais incidentes. Ou seja, o comandante poderia ter deixado a hierarquia se encarregar do problema e da solução, mas não foi o que ocorreu.

Em vez disso, ele convidou o camisa-azul a ir à ponte para os dois discutirem a sós o incidente. Mal se pode imaginar como aquele jovem encarregado de calços e correntes deve ter se sentido ao ser chamado à ponte, presumivelmente para ser repreendido pelo comandante em pessoa. Ciente de quão críticos são, para a segurança e a missão de um porta-aviões, as complicadas operações das aeronaves no convés, o oficial comandante, também ele um piloto, queria saber ali mesmo no convés o que e por que aquilo havia acontecido, e por certo como e por que não deveria acontecer de novo. Em um nível mais profundo, ele se preocupava mais com a verdade e o processo do que com a disciplina a ser aplicada. Desta, o sistema cuidaria.

Como deve ter sido essa reunião? O camisa-azul estava apavorado, mortificado, arrependido e resignado? Se todos esses sentimentos estivessem presentes, como o oficial comandante descobriria a verdade sobre o que aconteceu? O almirante nos contou como conseguiu criar com rapidez o que descreveríamos como segurança psicológica para o marinheiro, concentrando a conversa na própria curiosidade sobre o que havia acontecido e por quê, deixando claro que o encontro não era para punir, mas para descobrir. O objetivo comum era que aquele marinheiro recruta saísse da reunião disposto a agir melhor, e não repreendido por seu erro.

Uma reprimenda com certeza reforçaria o compromisso com a hierarquia. Mas, como oficial comandante, o almirante queria compromisso com a tarefa, a segurança e o desempenho de qualidade. Convocando o encontro e concentrando o diálogo na pessoa e na verdade, ele reforçou seu compromisso com o aprimoramento dos processos que salvam (ou podem custar) vidas em um porta-aviões. O diálogo de mão dupla, visível e pessoal, demonstrou o interesse por um processo com o qual líderes mais antigos e marujos mais jovens poderiam se identificar, aprendendo com ele.

Observando esse caso com certo distanciamento, pequenos atos de Liderança Humilde por parte do almirante podem muito bem ter sido algo natural em sua organização, uma cultura estabelecida por um líder sênior que existiu antes e depois desse incidente. Isso não muda a história, exceto para amplificar a verdade de que aquele almirante tinha um senso claro da importância da *personização* para implantar franqueza e confiança em uma organização hierárquica de 5 mil pessoas.

Lição

O que é mais impressionante para nós nessa história é que a existência de uma hierarquia vertical e formal não exige que as pessoas no topo se comportem da maneira transacional de Nível 1. Elas podem decidir *personizar* a qualquer momento e em qualquer nível, reforçando assim, de modo muito visível, alguns dos valores centrais que desejam destacar.

Resumo e conclusões

Foi tentadora a ideia de escrever este livro inteiro com as histórias incríveis que estão surgindo sobre a Liderança Humilde e a criação de relacionamentos de Nível 2 em organizações que priorizam a hierarquia. O general da reserva McChrystal, em seu *Team of Teams* (2015), e Chris Fussel, em *One Mission* (2017), deixam muito claro que as organizações agora precisam substituir a eficiência do modelo de fábrica linear por agilidade e adaptabilidade, pois os problemas que enfrentam se tornam o que temos repetidamente chamado de complexo, sistêmico, interconectado e multicultural, ou seja, o caos. Lidar com clientes em um mundo multicultural interconectado se tornará tão complicado quanto lidar com inimigos fluidos, invisíveis e polimórficos. O'Reilly e Tushman (2016) dizem algo semelhante em sua defesa da ambidestria organizacional: as forças econômicas e de mercado são igualmente fluidas e imprevisíveis, exigindo que as organizações desenvolvam subgrupos distintos, capazes de responder de forma diferente à medida que o mercado e as condições competitivas vão mudando.

McChrystal enfatiza, e com acerto, que aquilo que faz a diferença não é a superioridade tecnológica, mas "a cultura", referindo-se ao grau em que as tropas são treinadas não apenas para fazer com precisão as coisas que de fato têm de ser padronizadas, mas para pensar por si próprias e se auto-organizar nas áreas que exigem uma nova resposta sob medida. As histórias comentadas aqui são todas construídas com base nessa suposição, mas acrescentamos que "a cultura" deve ser uma cultura de Nível 2 e que só se alcança a transformação por meio de um certo tipo de construção de relacionamento.

Para responder com a agilidade necessária a um ambiente volátil e caótico, McChrystal recomenda a capacitação de unidades locais, coordenadas por uma equipe de representantes dessas unidades. A solução que é ter cada equipe com um representante na reunião de coordenação para criar "a equipe das equipes" só funciona, porém, se os representantes tiverem investido tempo nas equipes e estabelecido relacionamentos de Nível 2 dentro de cada uma. Do contrário, é inevitável que cada representante sinta a necessidade de defender os valores e os métodos da equipe de onde veio (ou seja, de privilegiar um dos lados da negociação transacional técnica).

Nos últimos três capítulos, as histórias que contaremos serão mais "sociotécnicas" em sua ênfase na integração das questões humanas às questões técnicas do fluxo de trabalho. No capítulo seguinte, exploraremos como a ênfase excessiva na manutenção e instrumentalização dos sistemas técnicos pode deixar os sistemas sociais vulneráveis e, por fim, falíveis.

A **Liderança Humilde** cria e se reforça em **equipes de Nível 2**, mesmo em hierarquias bastante estruturadas.

Seis

Quando hierarquia e consequências indesejáveis oprimem a Liderança Humilde

Os últimos três capítulos exemplificaram o que pode ser realizado quando executivos seniores formalmente nomeados ou eleitos optam por abandonar a burocracia de Nível 1. Mas a Liderança Humilde é uma atividade que pode acontecer mesmo em burocracias mais rígidas, quando um gerente ou um funcionário vislumbra a oportunidade de fazer algo novo e melhor, decidindo agir de acordo com essa ideia. Vemos a Liderança Humilde em muitas organizações quando um gerente opta por tratar os colegas, subordinados diretos e até mesmo o chefe de maneira mais pessoal, como a de um relacionamento de Nível 2. Vemos muitos gerentes que descobriram o poder dos relacionamentos de Nível 2 realizando reuniões eficazes, montando equipes fortes e envidando esforços para disseminar o Nível 2 em outras partes da organização. Às vezes, porém, as coisas não acontecem assim, mesmo com bons valores e boas intenções.

Existem três tipos de obstáculos que observamos: (1) culturas gerenciais que resistem aos esforços dos recém-chegados; (2) líderes que, sem intenção, prejudicam os próprios esforços; e (3) novos CEOs, que sabotam programas de melhoria, sendo estes a base para culturas de Nível 2. A seguir, mencionaremos alguns exemplos para exemplificar cada um desses desafios.

EXEMPLO 6.1 COMO A HIERARQUIA PODE MINAR O NÍVEL 2: A HISTÓRIA DE BRIAN

A Liderança Humilde está ao nosso redor e sempre esteve, mas muitas vezes não prolifera, sendo oprimida pela regressão ao Nível 1 ou por forças organizacionais que resultam na saída voluntária de um gerente de Nível 2 ou mesmo em sua demissão, quando o novo CEO prefere seguir métodos de gestão mais tradicionais. É lamentável que esse processo frustre os esforços da própria organização para desenvolver seu pessoal, como nos conta o exemplo a seguir.

Brian se diplomara há pouco tempo em uma faculdade de engenharia de grande prestígio. Ele havia ingressado em um prestigioso programa de treinamento rotativo em gestão em uma grande empresa multinacional de alimentos. Mostrou um desempenho excepcional nas sessões de treinamento e ganhou um lugar de destaque como supervisor de uma linha de embalagem em uma grande fábrica.

Essa grande empresa de alimentos é uma fabricante agressiva e descentralizada, com diversas marcas comercializadas pelo mundo afora, produzidas e embaladas próximo aos principais mercados regionais. Brian estava em uma fábrica na parte central dos Estados Unidos. Ali, a equipe de liderança tem muita autonomia e está sob bastante pressão da matriz para manter um rigoroso volume de produção e altos padrões de qualidade. Como era de esperar, o chefe de Brian depositou bastante confiança nele para obter um trabalho eficiente.

A maioria dos subordinados diretos de Brian tinham estudado até o ensino médio, eram sindicalizados, possuíam diversidade étnica e eram predominantemente homens. Brian conseguiu estabelecer relações francas e de confiança com eles nas primeiras semanas de trabalho. Seu treinamento de gestão durante o ano anterior destacara a importância de bons relacionamentos com os trabalhadores da fábrica, e sua personalidade o levara a contatos amigáveis casuais, embora a equipe tivesse muito mais experiência e conhecimento da operação que Brian estava encarregado de liderar.

O desafio veio do maquinário da linha de montagem. A avaliação de Brian era de que as máquinas não tinham sido bem projetadas e que a complexidade delas tornava difícil consertá-las caso quebrassem. Com essas máquinas pouco confiáveis fazendo as vezes de "elefante na sala", não é de causar surpresa que Brian tenha vivenciado relacionamentos assimétricos com a equipe de trabalhadores sindicalizados e também com seu chefe. Quando perguntamos a ele se seus subordinados lhe diriam se algo não estava funcionando bem, Brian respondeu: "Com certeza. Falamos o tempo todo e fazemos o nosso melhor para descobrir como consertar as coisas. Eu conheço mesmo esses caras; sei de todos os problemas com o sindicato e trabalhamos bem juntos para manter a produção e a qualidade no nível mais alto possível".

Mais tarde, quando perguntamos a Brian se ele contava a seu chefe que as coisas iam mal ou estavam fora do cronograma, ele deu uma resposta diferente:

> É claro que não. Ele só quer ouvir que tudo está funcionando bem e que estamos cumprindo os prazos; quando alguma coisa quebra, ele fica chateado e insiste em saber de quem é a culpa. A razão de termos tantas avarias é porque a máquina de embalagem não é muito confiável, mas o chefe parece pensar que, por eu ter um diploma de engenharia, deveria automaticamente ser capaz de consertá-la. Muito do que dá errado, nem minha equipe experiente nem eu sabemos o suficiente para dar conta. Eles deveriam substituir o maquinário, mas meu chefe não quer nem ouvir falar nisso!

Brian havia estabelecido relacionamentos francos e de confiança com os trabalhadores da linha, mas se viu em um relacionamento profissionalmente distante, competitivo, quando não antagônico, com seu chefe imediato e com os que estavam mais acima na cadeia de gestão. Ele não era capaz de passar a eles os problemas com o maquinário e começou a se dar conta de que talvez eles não se importassem.

Como podemos explicar essa assimetria em apenas dois níveis hierárquicos? A alta administração funcionava segundo a "sabedoria convencional": no trabalho comum, de baixa qualificação, menor especialização e produção manual, a distância profissional é necessária para preservar a autoridade e o funcionamento a todo vapor. Era evidente que Brian e seus subordinados diretos não consideravam isso nem convencional nem sensato. O relacionamento que Brian havia forjado naturalmente com a equipe era de homem para homem, tanto quanto de chefe para subordinado. Brian e sua equipe entenderam quem era o chefe e também que o problema estava em na situação dele, não no relacionamento com ele.

O oposto pode ser dito sobre o relacionamento de Brian com seu chefe. Brian percebeu que um relacionamento mais distante e baseado em funções, construído em torno de metas de medição e produção, caracterizava toda a hierarquia acima dele. Isso o levou a pensar, dada a sua personalidade e o gosto pelo trabalho com a equipe, em uma carreira diferente. Também constatou que seu chefe era indiferente à situação e não tinha simpatia ou empatia pela luta da equipe com o maquinário defeituoso. Com certa relutância, Brian concluiu que outra empresa de manufatura semelhante provavelmente seguiria os mesmos padrões hierárquicos e decidiu, em vez disso, fazer estudos de pós-graduação em uma área adjacente, que oferecesse a possibilidade de vários tipos de trabalho em diferentes tipos de organizações. Brian disse de maneira muito sucinta: "Não vi em parte alguma desta organização um modelo sequer de comportamento; não queria ser como algumas das pessoas a quem me reportava".

Após nove meses nesse emprego, Brian pediu demissão e foi fazer mestrado em Engenharia, com a esperança de entrar para uma organização mais interessante e voltada para o futuro. Depois de investir um ano inteiro no treinamento de Brian, a empresa perdeu um gerente de alto potencial por insistir em um sistema rígido, voltado para a medição, dominado por custos e cronogramas, que os trabalhadores sindicalizados tinham aprendido a tolerar, mas que logo afastou Brian daquilo que lhe parecia a princípio o emprego dos sonhos. Brian estava tentando ser um líder humilde. Estava tendo sucesso com os subordinados diretos, mas a hierarquia tradicional acima dele funcionava em um modelo de liderança transacional de Nível 1 básico. Isso levanta uma questão interessante: até que ponto Brian representa uma nova geração (vamos nos arriscar a rotulá-lo de *millenial*) que espera trabalhar de maneira diferente, porque sua visão de mundo e mentalidade a impelem a liderar e ser liderada de outra forma?

Lições

A mais importante lição dessa história é que diferentes partes de uma organização podem ter diferentes objetivos, resultando em diferentes tipos de incentivos para gerentes em diferentes níveis na hierarquia. A sede pode desenvolver um ótimo plano para identificar e treinar futuros gerentes-gerais, mas se "esquecer" de que a atual gerência de nível médio não está motivada para treinar pessoas. O comentário mais revelador na história de Brian é o de que ele não viu nenhum modelo de comportamento na empresa.

A segunda lição é que, mesmo quando Brian se sentiu seguro o bastante para dizer ao chefe que a máquina era, do ponto de vista técnico, a fonte de muitas avarias, ele foi ignorado. Considere-se o absurdo dessa situação, visto que Brian fora contratado por seu talento em engenharia. Criar um clima que incentive as pessoas a falar é de pouco valor quando o sistema não tem a capacidade de ouvir e reagir de modo adequado ao que é dito. Associamos essa incapacidade de ouvir e se adaptar aos relacionamentos de funções transacionais de Nível 1.

Exemplo 6.2 Boas intenções, transparência e consequências inesperadas: a história da BCS

Esta é a história de uma *startup* do Vale do Silício que viveu e morreu há alguns anos. (Baseia-se em uma situação real, mas é um apanhado e foi adaptada, ornamentada e "higienizada" para fins de exemplificação.) Não é uma história incomum, pois a empresa tinha bom capital, era admirada, bem administrada, animada e dinâmica, com tecnologia inovadora e pessoal experiente. Também era comum pelo fato de, no final das contas, não se mostrar capaz de mudar, se adaptar e abrir caminho rumo ao crescimento independente, sustentável, e à prosperidade. A maioria dos funcionários era bem remunerada e gozava de vantagens financeiras significativas (ações ordinárias). E a maioria deles aprendeu muita coisa antes de perder o emprego e não usufruir nada dessa participação.

Gerenciando com transparência

A empresa de sistemas de comunicação que chamamos de BCS fornecia tecnologia de comunicação avançada para empresas de médio porte. Foi fundada por veteranos (engenheiros) da indústria de tecnologia que sabiam como criar novas soluções. Para construir um negócio com base nessa abordagem inovadora, eles contrataram um executivo-chefe experiente que tivera sucesso na criação de outras *startups* de tecnologia. O CEO trouxe outro experiente executivo de vendas e marketing para completar a equipe de gestão sênior.

Os *designers* de produto fundadores da empresa e seus gerentes profissionais contratados compartilhavam o valor de administrar o negócio com objetividade e transparência. Todos eles já tinham observado subterfúgios e "comportamento político" antes, quando haviam trabalhado em outras grandes empresas. Compartilhavam ainda o desejo de demonstrar honestidade e integridade aos funcionários e à diretoria. Parte integrante dessa transparência era um sistema de gestão baseado em métricas. Eles decidiram que todos os líderes funcionais definiriam suas principais métricas, sendo gerenciados e avaliados com o símbolo do polegar para cima ou para baixo. Os dados seriam apresentados à empresa em monitores LCD instalados na parede, em tempo real do negócio e em tela totalmente visível a todos.

Os funcionários acharam isso justo e não tinham motivos para pôr em dúvida ou questionar a direção definida pela alta administração. A transparência era a base sobre a qual a confiança, em todos os níveis da cadeia de gestão, poderia ser construída. Artefatos de uma cultura de transparência e franqueza não faltavam na BCS. Era possível entrar na sala principal, lotada de mesas e estações de trabalho para todos, desde o atendimento ao cliente até a engenharia, o marketing e a gestão executiva, e ver as telas de LCD nas paredes com as métricas em tempo real do andamento dos negócios. Algumas vezes por mês, a empresa oferecia um almoço, em geral em uma pizzaria próxima de que todos gostavam, e aproveitavam a oportunidade da "reunião" para um debate franco sobre como as coisas estavam indo, o que precisava de atenção, quem havia sido contratado, quais aniversários estavam próximos, enfim, o que todos precisavam saber.

Além disso, os gerentes seniores faziam rodízios de funcionários, de todas as áreas da organização, levando-os para almoços mais seletivos a fim de que mantivessem contato, se conhecessem entre si e compartilhassem informações. Para qualquer um que ingressasse na BCS nessa época, franqueza e transparência por certo teriam se evidenciado como importantes valores partilhados. Os funcionários da BCS apreciavam a presença diária e o envolvimento dos gerentes seniores. Quando se reuniam, sentiam que não havia problemas em falar abertamente sobre suas vitórias e derrotas, seus sucessos e fracassos. Isso incluía todos, desde as novas contratações até o CEO.

Aos olhos do CEO e da alta administração, a transparência era tão importante para a comunicação ascendente quanto para a descendente. A gerência sênior da BCS queria expressar o estado das coisas para seu conselho com o máximo possível de métricas em tempo real. Por que não usar a tecnologia de rede, mídia social, *streaming* etc. para fornecer aos principais investidores um resumo em tempo real de todas as informações que eles queriam e por certo mereciam saber? Essa parecia uma maneira sensata e justa de administrar uma empresa pequena e em crescimento. E era, enquanto as coisas estivessem indo bem.

Por volta do segundo ou terceiro ano, o BCS atingiu um platô. Apesar da transparência, havia certa desconexão entre a equipe de produto e as equipes de vendas, que lutavam para fechar negócios com o público-alvo. No entender do CEO, gerenciar com base em números era a razão pela qual ele havia sido contratado. E os números agora indicavam com clareza quem estava cumprindo as metas e quem não estava.

As consequências de uma decisão

Em uma atitude resoluta, tomada após deliberação com outros membros do conselho e fundadores, o CEO agiu com base nos dados de desempenho, rescindindo o contrato de trabalho de um dos fundadores de produto, que não imprimia à linha de produção o rumo que ela precisava tomar. O CEO esperava que essa mudança no núcleo do pessoal melhorasse o ritmo de entrega de novos produtos e demonstrasse à organização a importância de agir de forma decisiva quando as medidas sugerissem que tal evento era necessário. Foi uma medida drástica para o CEO e todos os demais, além de um pouco chocante para o sistema, mas era o que os números diziam. Não se escondia a verdade: o que era, era.

Cerca de um ano depois, a BCS foi vendida com prejuízo para uma empresa maior e teve seu tamanho reduzido em mais de 50%. O CEO e sua equipe de gestão acreditavam que tinham feito tudo certo, lançando bases sólidas ao comunicar fortes valores implícitos sobre atingir as métricas e manter a transparência. Parecia uma empresa moderna muito saudável. O que dera errado?

Um ou dois anos após a venda da empresa, um membro sênior da BCS observou: "Depois que um dos fundadores foi demitido, tudo mudou". O impacto de longo prazo, com certeza uma consequência não intencional, foi que uma cultura de relacionamentos e confiança de Nível 2 acabara sendo traída pela gestão transacional baseada em números. Esse risco calculado por parte do CEO subestimou o dano de tomar uma medida autoritária abrupta e, portanto, de introduzir um *substrato insidioso de medo.*

O mercado havia mudado para a BCS, sua solução não estava alinhada com perfeição às necessidades do mercado, e a empresa não conseguia prosperar devido a essa mudança no ambiente externo. É difícil saber se isso aconteceu *porque* o medo e a erosão dos relacionamentos de Nível 2 impediram a empresa de mudar com criatividade. No entanto, é claro que a introdução do medo, traindo um clima de confiança, não ajudou em nada.

Lições

Muitos gerentes, líderes e teóricos destacaram a importância da transparência, em particular neste século, mas a maioria também admitiu que abrir todos os canais para qualquer tipo de informação financeira e de trabalho é algo muito mais fácil de recomendar do que de fazer. É a razão pela qual preferimos o conceito de "franqueza" para destacar que o *que* e *como* comunicamos não é um processo passivo de tornar as coisas visíveis, mas um processo ativo de compartilhar, revelar, ouvir, compreender e responder. A transparência pode ser um processo passivo que não discrimina o que é percebido, a menos que se integrem filtros de modo intencional. A franqueza é uma escolha do que é importante revelar para realizar o trabalho, não apenas a métrica do que aconteceu e quando.

O CEO e outros gerentes seniores da BCS tentavam construir relacionamentos de confiança de Nível 2. Mas, depois que um dos fundadores foi demitido, o valor de compartilhar e agir com base nas informações de desempenho refletiu de fato uma suposição fundamental diferente, favorecendo a liderança transacional, individualista, mecanicista, pragmática e obstinada (Nível 1). Nesse caso, a transparência e a franqueza eram bastante consistentes com a suposição tácita de que os indivíduos da organização eram livres para fazer seu melhor, aprimorar-se, competir em pé de igualdade (usando as mesmas informações compartilhadas) e aceitar as consequências de suas ações e transações "em plena luz do dia".

Será que essas suposições profundas sobre relacionamentos individualistas, pragmáticos e transacionais os impediram de continuar os relacionamentos de Nível 2, que poderiam ter amenizado o clima de medo? A confiança era algo "bom de se ter", mas não um valor administrativo intrínseco? A transparência sem confiança pode muito bem manter os funcionários engajados e motivados e, possivelmente, muito produtivos... por algum tempo. Ainda assim, o que se viu foi uma atmosfera pérfida, repleta de politicagem, em um clima de esconder as coisas e enganar colegas para passar à frente – algo que alguns líderes podem encorajar, de forma implícita, como prescrição necessária para empresas em pleno crescimento. No longo prazo, porém, com essa transparência como meio de controle mais do que como meio de comunicação (franqueza), as empresas tendem à entropia: os desiludidos talentosos saem, os tipos errados de habilidade e desempenho são reconhecidos, e a flexibilidade criativa em resposta às mudanças do mercado torna-se controversa no âmbito político. Franqueza e confiança intrínsecas, e mais relacionamentos de Nível 2 em todas as camadas das organizações tornam-se um substrato muito mais flexível e duradouro do que o temor endêmico de gestão transacional baseada em métricas de Nível 1.

Acreditamos que equipes de todos os tamanhos apresentam melhor desempenho quando seus membros se sentem psicologicamente seguros para se abrir uns com os outros. Quer chamemos de clima de medo ou perda de segurança psicológica o que ocorreu na BCS, é bem provável que isso tenha arrefecido o ânimo, minado a franqueza e ameaçado a capacidade da empresa de inovar e mudar. A proteção da segurança psicológica pode ter como resultado uma desaceleração do tempo de lançamento no mercado no curto prazo, mas também pode aumentar a resiliência no longo prazo.

EXEMPLO 6.3 O PARADOXO DE NÍVEL 2 – ESTÁVEL NO INDIVÍDUO, MAS NÃO NA ORGANIZAÇÃO: A HISTÓRIA DO DESIGN DO CARRO ORGÂNICO

Conhecemos vários líderes segundo os quais, uma vez obtidos relacionamentos de Nível 2 com seus subordinados diretos e colegas de equipe, isso lhes parece tão satisfatório que não conseguem imaginar liderar de outra forma. Também conhecemos alguns que nos disseram ter sido capazes de criar relacionamentos de Nível 2 na organização em que trabalham apenas para descobrir que um novo CEO acima deles preferia o Nível 1 mais tradicional, de distância profissional e métodos de gestão tecnicamente precisos, entre eles, transparência, métricas formais e normas claras de gestão estrita por meio de descrições de cargo e metas bem articuladas, reforçadas por "incentivos e punições".

A preferência pela abordagem transacional de Nível 1 em geral reflete o grau de conformidade com a tradição e, às vezes, uma dificuldade genuína em entender o que o Nível 2 é e pode fazer. Por exemplo, um dos principais projetos empreendidos pela Society for Organizational Learning foi descobrir se o processo linear sequencial, segundo o qual os carros eram projetados, poderia se tornar mais eficiente, mais barato e mais curto (Senge *et al.*, 1994; Roth e Kleiner, 2000). No processo de *design* tradicional, se uma alteração fosse feita no chassi, ela poderia ter efeito no espaço disponível para o motor, o que permitiria um motor maior. Se pesasse mais, afetaria o *design* dos pneus e assim por diante, de modo que a necessidade do redesenho seria perpétua, sequencial e cara, além de demorar uma eternidade.

No final dos anos 1990, Rob, um gerente de projeto especializado em sistemas, recebeu o encargo de projetar um novo modelo da Ford Motor Company para 1995. Decidiu fazer algo inovador e melhor. Aprendeu dinâmica de grupos e sistemas, logo percebendo que o processo linear era inapropriado para um projeto altamente interdependente. Rob então construiu relacionamentos de Nível 2 com os gerentes de cada etapa do *design* de carros e os convenceu a tentar um programa de *design* baseado em equipe, no qual cem pessoas procurariam trabalhar como um grupo orgânico unido, em vez de uma linha de montagem. Seguir nessa direção significava superar um grande ceticismo tanto dos gerentes de nível superior quanto dos próprios *designers*, mas eles descobriram que, à medida que se conheciam e aprendiam a trabalhar em equipe, tudo na verdade caminhava mais rápido e de modo *muito mais satisfatório.*

O *design* era visto como um problema multifacetado complexo, em que as coisas muitas vezes pareciam fora de controle no início, mas, depois que as pessoas passaram a discutir com franqueza as implicações de cada uma de suas ideias de *design* e as alterações propostas, resoluções positivas foram surgindo com bastante rapidez. Como no caso do grupo de projeto dos mísseis Polaris (Exemplo 5.3), o aprendizado compartilhado e a alta aceitação mútua tornaram o grupo coletivamente responsável. Houve diversas e longas reuniões para resolver as múltiplas contingências do sistema. A certa altura, um executivo sênior entrou em uma dessas grandes reuniões, em que vários problemas de *design* estavam sendo discutidos ao mesmo tempo, concluiu que aquele grupo "experimental" estava totalmente fora de controle e, irritado, ordenou a Rob que colocasse o projeto "nos trilhos, ou ele seria interrompido". Rob "prometeu" que o faria, mas não mudou em nada sua abordagem, em parte porque àquela altura a própria equipe sabia que o trabalho estava sendo muito mais eficiente e produtivo. O resultado foi um novo *design* magnífico, concluído muitos meses antes do prazo e bem abaixo do orçamento!

O carro foi um sucesso... e a empresa, não a equipe de *design*, assumiu o crédito, anunciando com todas as letras que a equipe de *design* estava "fora de controle", mas a alta administração conseguira colocá-la nos trilhos. Rob concluiu que a alta administração acreditava nisso e não percebera que um processo de *design* totalmente diferente fora a causa do sucesso. Nesse meio-tempo, a Ford passava por um programa de "redimensionamento", com Rob e muitos dos membros da equipe na lista de dispensa como parte desse programa: não receberam nenhum crédito pelo seu sucesso e acabaram demitidos. Os processos de *design* voltaram ao método linear sequencial. Rob, junto com alguns dos ex-colegas da equipe de projeto, formaram uma empresa de consultoria para compartilhar informações sobre pensamento sistêmico e formação de equipes por meio de *workshops* experimentais.

Lições

Até que ponto é importante, para os executivos encarregados de um projeto inovador, compreender por completo, e não apenas tolerar, a inovação? Observamos, no caso do Virginia Mason Medical Center (Capítulo 4), que o CEO fez um esforço especial para envolver o conselho no nível da compreensão e do aprendizado pessoal. Uma implicação na história do *design* do carro é que Rob talvez pudesse ter trabalhado mais para desenvolver um relacionamento de Nível 2 com seus chefes, que por certo jamais compreenderam o potencial de uma equipe de *design* mais conectada em termos de relacionamento. Era evidente que os superiores de Rob ficaram tão pouco à vontade ao ver os membros de um grande grupo em interação dinâmica uns com os outros que voltaram a um modelo mental de comando e controle mais cômodo e familiar.

É claro que, se um gerente sênior não entende nem aprova uma nova maneira de fazer as coisas, o projeto se torna vulnerável. O mais preocupante em casos como esse é que a organização não percebe como a própria ignorância ou incompreensão oprimem a capacidade futura de inovação. Ser capaz de aceitar algo novo e potencialmente melhor requer que a administração tenha pelo menos um modelo mental do que isso possa ser, mesmo que a motivação para implementar a mudança ainda não tenha se desenvolvido.

Exemplo 6.4 O impacto de novos CEOs

Um cenário diferente, com resultados semelhantes, pode ocorrer quando um CEO lança um programa de melhoria, o apoia enquanto permanece no cargo, mas depois parte para uma organização diferente. O novo CEO, com uma mentalidade diferente, explícita ou implicitamente retira o apoio, encerra o programa para agilizar os processos da empresa, despede ou transfere o principal responsável. Vimos isso acontecer com vários programas lançados com sucesso segundo os métodos do Sistema Toyota de Produção (Lean). Para ser feito do modo adequado, ele exige a construção de relacionamentos de Nível 2 com os funcionários do microssistema que está se redesenhando visando a maior eficiência (como ocorreu com sucesso no Virginia Mason Medical Center, discutido no capítulo 4).

Dois programas com os quais trabalhamos progrediam no sentido de construir relacionamentos de Nível 2 entre os principais médicos e administradores, como parte de um amplo esforço de melhoria de todos os elementos ligados ao atendimento e à experiência do paciente. Em ambos os casos, o CEO sancionou e aprovou os programas de aprimoramento no hospital principal, mas esteve pessoalmente mais envolvido em um empreendimento estratégico maior, para aumentar o tamanho e o escopo de todo o programa médico na região. Ele adquiriu clínicas locais e expandiu os serviços regionalmente. Tanto o programa de aquisição quanto o de melhoria exigiram a formação de equipes de desenvolvimento administrativo e organizacional, cujos custos começaram a ultrapassar a receita projetada. Em ambos os casos, o CEO foi transferido para outro cargo, deixando seu substituto com um déficit financeiro que exigia cortes de custos imediatos e redimensionamento.

Sem surpresa, uma das primeiras coisas reduzidas de modo drástico foi o programa de melhoria. Um importante corolário, a criação de pares de médicos-administradores, acabou cancelado, e um grande número de consultores de desenvolvimento organizacional que tinham sido contratados foi dispensado, interrompendo boa parte do trabalho de aprimoramento no meio do caminho. Em ambos os casos, os líderes seniores e alguns gerentes de nível médio que haviam defendido os programas e atuavam como líderes humildes descobriram que não podiam aceitar pessoalmente a "regressão" para uma cultura de Nível 1 e foram se juntar a outras organizações mais preparadas para implementar os programas de melhoria. Por exemplo, uma diretora de enfermagem que criara um clima de Nível 2 em toda a sua área foi demitida, mas encontrou outro hospital onde começou a implantar um programa semelhante. Esses "migrantes" levaram com eles outros líderes humildes ou passaram a criar culturas de Nível 2 nos novos empregos.

Lições

A lição mais importante é que, depois de se fazer a transição dos relacionamentos do Nível 1 para o Nível 2, o novo ambiente parece mais confortável, mais real e mais adequado para realizar o trabalho. O líder humilde, portanto, se encontra em uma posição difícil quando seus chefes não entendem, não toleram ou não apoiam as atividades relacionais e de equipe que ele defende. *É um reflexo infeliz para a cultura gerencial, durante uma crise financeira, cortar investimentos maiores e mais lentos na construção de relacionamentos e equipes.*

Vários hospitais vêm descobrindo que as tentativas de construir relacionamentos de Nível 2 entre as equipes médica e administrativa começam a mostrar resultados promissores. Se investirem em relacionamentos de Nível 2, acharão, em decorrência, muito mais fácil resolver questões de redesenho dos vários serviços médicos e administrativos, porque aprenderão a dizer um ao outro o que de fato pensam. Eles trabalham de forma árdua para encontrar um terreno coletivo, em vez de se contentar com compromissos de menor denominador comum. No entanto, esses tipos de investimentos de longo prazo na construção de relacionamentos costumam ser cortados.

Quando vemos projetos bem-sucedidos desse tipo, também descobrimos que o verdadeiro fator motivador do desafio às suposições tradicionais e aos relacionamentos de Nível 1 é a complexidade crescente e a natureza multifacetada da prestação de cuidados de saúde. O trabalho de Gittell (2016) sobre coordenação relacional ajudou muitas organizações a iniciar o processo de melhoria, concentrando-se a princípio na identificação de *interdependências de papéis*, porque mesmo o lado puramente técnico da prestação de cuidados de saúde tornou-se muito interdependente. Sua pesquisa descobriu que um primeiro passo importante é identificar as interdependências de funções e, em seguida, garantir que as pessoas nessas funções se tornem cientes dos objetivos comuns, aprendam sobre o trabalho entre si e se respeitem, mesmo que isso ignore a cultura hierárquica e os níveis de *status*. Tanto as experiências dos pacientes quanto os resultados médicos melhorariam se médicos, enfermeiros, farmácia, administração e equipe técnica de nível inferior começassem a se ver como um sistema *interdependente*.

Uma questão não resolvida nos vários projetos de coordenação relacional é se compartilhar objetivos, além do conhecimento e respeito mútuos, com o apoio constante de uma comunicação apropriada, são suficientes ou se esses vários atores têm que desenvolver relacionamentos de Nível 2 para o sistema funcionar com excelência. Esse dilema é bem exemplificado em algumas pesquisas feitas em prontos-socorros, onde uma das melhorias foi organizar as funções relevantes de médicos e enfermeiros em "módulos" que funcionassem em turnos inteiros de maneira mais interconectada. Isso significou, de modo inevitável, que os membros dos módulos se conhecessem melhor e formassem algo semelhante aos relacionamentos de Nível 2. Em sua pesquisa em quatro hospitais que faziam experiências com módulos, Valentine (2017) descobriu que funcionaram bem em dois deles, onde os membros da equipe acreditavam que a inserção no módulo e a programação seriam administradas de forma justa, mas outros dois hospitais rejeitaram o experimento porque os membros da equipe temiam que houvesse trapaça nas inserções e na programação. Isso sugere que, se a cultura hospitalar mais ampla estiver presa às regras e funções de Nível 1, a suspeita de trapaça e mentira logo entra em cena. Os relacionamentos de Nível 2, encorajando a *personização* em uma subunidade, podem não funcionar se os níveis superiores não compreenderem ou tolerarem o conceito.

Crescimento e balcanização

Além do que foi observado em "Evolução de papéis e relacionamentos: crescimento e arrogância", no capítulo 3, há outra força que pode minar a Liderança Humilde à medida que as empresas crescem: a balcanização. Gostamos desse termo porque ele capta a natureza dinâmica dos grupos à medida que crescem em número e tamanho. Não nos referimos apenas à competição ou polarização entre grupos, o que obviamente pode acontecer quando *designs* de organizações cada vez mais complexas seguem o crescimento de linhas de produto, vendas e lucratividade; referimo-nos também à intensa lealdade "nós/eles" que se desenvolve *dentro* dos grupos. Não se trata apenas de competir por recursos escassos entre grupos; trata-se também da forte convicção de que "o que temos em nosso grupo" é especial e deve ser protegido. A Liderança Humilde, focada internamente em um grupo, pode corroer a franqueza e a confiança sobre as quais a organização, como um todo, foi construída no começo.

Há muitos casos assim nas histórias antigas de empresas de tecnologia, por exemplo, a DEC, discutida no capítulo 1, e a Sun Microsystems. A DEC teve como experiência essa balcanização entre as equipes de *design* do computador PDP de primeira geração e as equipes emergentes da geração seguinte, que trabalharam em uma plataforma técnica diferente. Simplificando, Ken Olsen não foi capaz de superar as divisões, uma vez que a escala da empresa excedeu sua capacidade de implantar a Liderança Humilde em todos os subgrupos. Sua Liderança Humilde, nos primeiros dias de uma missão inovadora, não se manteve entre grupos de engenharia que competiam entre si. A situação na Sun Microsystems era semelhante em meados da década de 1990, quando grupos que cultivavam crenças inabaláveis, por exemplo, em grandes sistemas de multiprocessamento simétrico, *software* de código aberto ou estações de trabalho de engenharia, para citar apenas alguns exemplos, lutavam por recursos e compartilhamento de ideias a tal ponto que a empresa passou por uma iteração de *design* de "planetas" – divisões distintas que administrariam os próprios lucros e perdas antes de se integrar à Sun como um todo. Tal como aconteceu com a DEC, pode-se olhar para a Sun através desta lente: a Liderança Humilde, que forneceu o ímpeto inicial para a empresa (energia e compromisso construídos sobre forte e confiante *personização* de Nível 2 entre os fundadores), foi minada pela mentalidade de grupo, voltada para dentro, que parecia mais comprometida com crenças ardorosas dentro da organização do que com a mentalidade original que impulsionou a missão maior da Sun como um todo.

Por fim, é desafio dos líderes humildes reforçar tanto a autonomia de que as pequenas equipes precisam para inovar quanto as conexões de Nível 2 dentro das divisões e *entre* os líderes divisionais, que são necessariamente trazidos à medida que as organizações se expandem. Pode ser muito natural para um líder recém-contratado se relacionar com os novos colegas em divisões diferentes com "distanciamento profissional" transacional de Nível 1, reforçando efetivamente a balcanização. Achamos que é fundamental, em tais fases de crescimento, que o CEO e o conselho desenvolvam e modelem relacionamentos de Nível 2 por meio de linhas hierárquicas e divisionais, como foi o caso em nossos exemplos industriais (capítulo 1), militares (capítulo 5) e do Virginia Mason Medical Center (capítulo 4).

Talvez o desafio mais difícil para a Liderança Humilde seja evitar a arrogância do grupo (nós/eles) e o distanciamento transacional de Nível 1, que pode aprofundar o conflito entre os grupos a ponto *de aquilo que começou como crescimento terminar como entropia.*

Resumo e conclusões

Neste capítulo, tentamos esclarecer como a Liderança Humilde e o trabalho de Nível 2 ocorrem em várias partes da organização. Vemos fundadores experimentando alguns aspectos como transparência; vemos gerentes intermediários redesenhando suas unidades; e vemos programas experimentais surgindo para ajudar administradores e profissionais a aprenderem juntos e atuarem como precursores de relacionamentos de Nível 2. Mas a cultura gerencial baseada no *herói solitário* e no *modelo de máquina* está profundamente enraizada, de modo que vemos também muitos exemplos de esforços fracassados seguidos de regressões a abordagens transacionais de Nível 1.

De forma irônica, o melhor indício de que o Nível 2 e a Liderança Humilde podem proliferar é que problemas complexos e desordenados vêm se tornando mais comuns, e a importância do crescimento continua alta como sempre. Ambas as forças combinadas podem compelir a liderança atual a se mover rumo à Liderança Humilde a fim de fortalecer a capacidade de "visão" e adaptação ao progresso de suas organizações.

Encerramos essa discussão com uma interessante observação recente feita por um chefe da área de medicina de um grande hospital durante uma discussão de almoço sobre "esgotamento dos médicos". Ele observou que, em sua experiência com os vários médicos do hospital, aqueles que tinham mais relacionamentos pessoais com os pacientes ficavam *menos* esgotados do que os que tinham relacionamentos transacionais mais formais.

A **Liderança Humilde** pode funcionar em qualquer área da organização, mas é vulnerável à falta de apoio por parte de um executivo sênior.

Sete

Liderança Humilde e o Futuro

À medida que exploramos o futuro dos relacionamentos entre indivíduos e grupos no trabalho, temos de pensar ainda com mais abrangência no futuro do trabalho para considerar como os conceitos de relacionamentos de Nível 2 e Liderança Humilde se mostrarão necessários para uma eficiência sustentável. Neste capítulo, vamos nos concentrar em seis maneiras pelas quais a Liderança Humilde evoluirá junto com as tendências que impactarão nossa vida profissional nas próximas décadas:

- **Contexto acima do conteúdo:** a Liderança Humilde privilegiará o *contexto* e o *processo* em detrimento do *conteúdo* e da *especialização*, em parte devido ao crescente impacto da inteligência artificial.
- **Heterogeneidade cultural:** a Liderança Humilde terá de enfrentar o tribalismo e construir relacionamentos livres de preconceitos inconscientes.
- **Poder distribuído:** a Liderança Humilde terá de desafiar o abuso de poder individual.

- **Customização em massa:** a Liderança Humilde ajudará os grupos a se tornarem mais ágeis, adaptáveis e colaborativos, adequando a liderança a funcionários, acionistas e clientes.
- ***Design* organizacional dinâmico:** a Liderança Humilde terá de reconsiderar incessantemente como organizar relacionamentos e grupos de trabalho em um mundo global móvel.
- **Presença virtual:** a Liderança Humilde envolverá presença física e virtual, conforme as organizações se tornem mais distribuídas globalmente.

A Liderança Humilde privilegiará o contexto e o processo em detrimento do conteúdo e da especialização

Não deveria ser surpresa que uma discussão sobre o futuro do trabalho começasse encarando o impacto da inteligência artificial (IA) com certa inquietação. Juntamo-nos a muitos para quem grandes setores da economia, segmentos inteiros da indústria e categorias de trabalho de porte significativo serão permanentemente alterados ou eliminados por grupos dispersos de microprocessadores "pensantes", que tomarão decisões e direcionarão o trabalho. Há pouca dúvida a respeito de que certas categorias de trabalho ficarão mais vulneráveis do que outras. Em termos gerais, acreditamos que o trabalho transacional (por exemplo, negociações em mercados de capitais) poderá ganhar tanto com a IA que o papel de "negociante", conforme definido do ponto de vista histórico, será considerado vulnerável.

Se estivermos certos ao afirmar que os papéis transacionais ficarão mais vulneráveis à IA ou aos diversos tipos de ampliação, o desafio será redefinir os papéis vulneráveis para que o processamento humano contextual, ou seja, a construção de relacionamentos flexíveis de Nível, 2 seja recompensado em lugar do conteúdo e da gestão de transações.

Há outra maneira de vermos as habilidades de Liderança Humilde como uma peça importante em relação à ampliação da IA no futuro. O que as pessoas pensam que sabem valerá menos do que valia. O *líder que é um especialista visionário* começará a render menos quando *qualquer pessoa* puder acessar as mesmas informações e quando fazer algo novo disser respeito mais aos processos de implementação em jogo na organização do que aos déficits de informações ou lacunas de especialização. Se todos sabem ou podem saber, o líder não é mais o único especialista; é apenas mais um na multidão ou na nuvem!

Esse poder reduzido do especialista singular resultará, em parte, da onipresença da IA e da habilidade de pessoas treinadas para explorá-la. As redes neurais com capacidade de processamento ilimitada, espaços de computação em nuvem e armazenamento virtual infinito continuarão a parecer cada vez mais "inteligentes". A maioria de nós já experimentou como os mecanismos de pesquisa tornaram quase perfeita a capacidade de prever, acumular, customizar e animar os conceitos que pesquisamos. Essa tendência deve continuar a se acelerar à medida que interfaces mais naturais para a IA (por exemplo, consultas a Alexa, OK Google ou Siri) aumentarem suas informações e tornarem ainda mais fácil assimilar o conhecimento humano quase ilimitado, em especial quando houver valor comercial associado a tais assimilações microdirecionadas de realidade ampliada. Em outras palavras, os líderes humildes devem aceitar que a posse e a distribuição de informações podem não influir tanto quanto antes na manutenção de uma hierarquia de comando e controle.

Ainda hoje, o ritmo no qual bancos de dados são acessados e consultados para respostas imediatas e quase completas às perguntas é impressionante, em particular quando o acesso a eles está nas mãos de "nativos digitais", que começaram a aprender a pesquisar aos dez anos ou menos. Daqui a uma ou duas décadas, um funcionário treinado na ciência dos dados e versado nas linguagens de consulta de última geração (além, é claro, de afeito ao uso de dispositivos móveis em rede, cada vez mais poderosos) terá uma vantagem substancial de assimilação de informações sobre os alunos mais antigos da época digital. Essa lacuna pode ser ampliada ainda mais pela observação de Kahneman (2011) de que "especialistas" mais velhos tendem a se tornar excessivamente confiantes no que "sabem" (aprenderam) e a desprezar a própria ignorância do que ainda precisam aprender. O jovem e curioso aprendiz digital de IA pode desenvolver com rapidez um conjunto de conhecimentos mais amplo, mais difuso e mais adaptável, se não mais relevante, do que o conhecimento mais profundo, porém mais limitado, do "especialista" mais velho, preso à experiência.

Em *Thank You for Being Late,* Thomas Friedman sugere que nossa experiência comum de inteligência artificial será como "assistência inteligente", ou AI (Friedman, 2016, p. 199). Esse é um enquadramento importante, lembrando-nos de que em geral a automação não significa o fim dos empregos; significa empregos diferentes e talvez melhores. A Liderança Humilde pode se basear na assistência inteligente, aumentando a capacidade dos humanos de processar como as informações se aplicam a *contextos* específicos e a tarefas complexas. Dentro de alguns anos, poderemos nos encontrar em equipes dispersas que compartilhem habilidades bastante avançadas no acesso e processamento de informações enriquecidas com IA, mas sem conhecimento de como alinhar todos esses dados aos objetivos e às capacidades de determinado grupo ou entre grupos que precisam de colaboração mútua. É bem sabido que, quanto mais informações adquirimos, mais lacunas vemos que requerem ainda mais informações esclarecedoras, muitas vezes levando à "paralisia da análise". A Liderança Humilde será necessária para orquestrar o processo de criação de sentido do grupo, para criar um contexto de diálogo inteiramente franco e para selecionar o processo de tomada de decisão apropriado.

Podemos dizer que o aumento da IA e os *big data* se tornarão tão poderosos a ponto de gerar "perícia artificial", ou PA, e portanto devemos nos preocupar com isso? Não pensamos assim. Embora a IA ou a PA possam ser muito eficientes em descobrir desconhecidos *conhecidos*, será com relacionamentos de Nível 2, vencendo em âmbito coletivo a incerteza, *compartilhando, lendo e refletindo as reações uns dos outros* que a Liderança Humilde poderá fornecer a resiliência necessária para enfrentarmos os desconhecidos *desconhecidos.*

A Liderança Humilde terá de lidar com o tribalismo e construir relacionamentos livres de preconceitos inconscientes

Estamos escrevendo em um momento em que a polarização na política, na sociodemografia e na economia é quase inacreditavelmente alta. E estamos escrevendo de um lugar (Vale do Silício) onde a discriminação de gênero e o assédio sexual em empresas inovadoras, grandes e pequenas, somam um número chocante, considerando-se quantas empresas jovens e voltadas para o futuro estão aqui e agora. Não é nosso objetivo sugerir soluções para esses problemas existenciais, mas oferecemos esta ideia: a Liderança Humilde é construída com base em relacionamentos de Nível 2 que surgem entre pessoas plenas, as quais enxergam além ou à parte de seus preconceitos inconscientes. O desenvolvimento de relacionamentos de

Nível 2 eficientes é, por definição, quase impossível no contexto de discriminação, exclusão e assédio.

O desafio da Liderança Humilde será influenciar atitudes intrinsecamente mais tolerantes, comuns em pessoas na faixa dos vinte e dos trinta hoje, para transformá-las em equipes mais eficientes distribuídas em âmbito global nos próximos anos. É provável que as pessoas de vinte e poucos anos, daqui a uma ou duas décadas, considerem a conexão digital natural e fácil, em qualquer parte do globo. Os obstáculos à produtividade oferecidos por diferentes fusos horários, idiomas, etnias, raças e gêneros provavelmente serão menores daqui a dez anos em comparação com dez anos atrás, mas o desafio de reunir grupos cooperativos e produtivos permanecerá.

Se estivermos mesmo assistindo ao declínio da segregação explícita e da exclusão injustificada, então os preconceitos inconscientes que todos adquirimos à medida que crescemos em nossas várias "tribos" ainda estão ativos, levando a diversas maneiras sutis e novas de excluir pessoas de cuja existência sequer temos notícia. Líderes humildes precisarão encontrar um modo de superar os próprios preconceitos porque os verdadeiros relacionamentos de Nível 2 não se desenvolverão se os preconceitos inconscientes de um líder interferirem em sua capacidade de estabelecer confiança e franqueza com funcionários, equipes, conselhos, partes interessadas etc. Se preconceitos inconscientes impedirem os líderes de ver as pessoas como um todo, fazendo-os manter a distância profissional em um nível transacional de Nível 1, a influência desses líderes provavelmente vai diminuir, e eles serão substituídos por outros que aprenderam a enxergar além dos preconceitos e a desenvolver relacionamentos de Nível 2 com uma diversidade ilimitada de pessoas plenas.

A Liderança Humilde terá de desafiar o abuso de poder individual

A liderança quase sempre implica o uso de alguma forma de poder para conseguir algo novo e melhor. O abuso de tal poder por parte de indivíduos narcisistas não é um fenômeno limitado a hierarquias tradicionais rígidas. Os líderes humildes emergentes com ideias melhores devem enfrentar a própria tentação de pensar que são superiores aos outros ao redor, especialmente em situações em que superam seus prováveis seguidores. Isso se agrava quando o ritmo é cada vez mais valorizado, criando a tentação de os líderes tomarem decisões precipitadas. Como Jeffrey Pfeffer (2010) observa em *Power*, os prepotentes muitas vezes logram sucesso no curto prazo; e Adam Grant (2013, p. 5), em *Give and Take*, também ressalta que, no curto prazo, os "tomadores" (prepotentes e perpetradores de abuso) às vezes são bem-sucedidos porque acreditam estar jogando uma partida de soma zero, em que o ganho de um significa necessariamente a perda do outro.

A Liderança Humilde propõe que o abuso de poder centrado no ego nunca é bem-sucedido no longo prazo, apesar dos sistemas de recompensa individualizados que favorecem o egoísmo em detrimento do altruísmo. O desafio de alcançar o Nível 2, no entanto, é que os megalomaníacos, iconoclastas e "heróis" abusam do poder na crença de que só eles podem resolver um problema, ao passo que se exige muito mais tempo para os atos dos sucessores de Nível 2 reconstruírem a conexão e a confiança. Como diz Robert Sutton, o mau comportamento é cinco vezes mais poderoso do que o bom (Sutton, 2007, p. 170). Por implicação, os atos de liderança positiva de confiança mútua e franqueza devem superar os atos negativos ou ruins em uma margem de cinco para um, para se manter relacionamentos de trabalho ideais. Embora possa ser relativamente fácil, para um líder, agir mal em relação a um colega que é seu subordinado e de quem mantém distância profissional, ou em relação a quem se mostra indiferente, é muito mais difícil agir mal em relação a alguém com quem se estabeleceu um relacionamento de Nível 2 *personizado.*

Achamos muito encorajador que, no início de 2018, escândalos sobre abuso de poder (assédio sexual em particular) tenham desencadeado uma nova consciência de um ponto de inflexão além do qual não podemos mais aceitar tais atitudes como "normais" (Carlson, 2017). No futuro, esperamos ver muito menos riscos de represálias e retaliações por enfrentarmos o abuso de poder naquilo que é conhecido como "cultura crescente de responsabilidade" (Farrow, 2017). Nossa esperança é que os benefícios dos relacionamentos de Nível 2 e essa crescente intolerância ao abuso de poder reforcem a mentalidade de uma Liderança Humilde que estimule a confiança e a honestidade, em vez de permitir jogos de poder egoístas de curto prazo.

A frequência de pessoas que se levantam para dizer "basta" está aumentando, indo da indústria à mídia, ao entretenimento e até, com certa relutância, à política nacional (pelo menos em algumas partes da estrutura política dos Estados Unidos, por exemplo). Os nativos digitais (no final da adolescência e início dos vinte e poucos anos) também nos lembram de que a mídia social fornece um fluxo de informação tão rápido, que dissemina a vergonha pública à velocidade da luz, tornando-se de fato justiça social, pois o mau comportamento não tem onde se esconder e a reação a ele é rápida, poderosa e compartilhada de modo global. Assistimos à Liderança Humilde contribuindo para esse *zeitgeist* e enfatizando a tolerância, o respeito e o valor das conexões pessoais entre seres humanos íntegros.

A Liderança Humilde pode ajudar os grupos a se tornarem mais ágeis e colaborativos para adaptarem a liderança a funcionários e clientes

A *personalização*, com tudo feito sob encomenda e entregue diretamente ao consumidor, vem se fortalecendo desde 2018, e confiamos em que essa tendência à customização em massa continuará no futuro próximo. A customização unitária em escala global vai se tornando comum em roupas, cosméticos, produtos farmacêuticos, TI, *medtech* (tecnologia médica), *ad-tech* (tecnologia da publicidade) e assim por diante. Embora a manufatura com impressoras 3D em casa seja apenas para um pequeno subconjunto da população, a ideia de mover a fabricação e a montagem final para o consumidor individual no bairro, *shopping* local ou espaço de escritório compartilhado genérico não é tão complicada. Já estamos vendo variantes disso hoje em dia com companhias aéreas de baixo custo independentes, *food trucks* e lojas *pop-up*, sem mencionar os automóveis Tesla sob medida vendidos em *show-rooms* de *shopping centers.*

Customização não significa apenas adaptar bens e serviços às necessidades individuais, mas também reduzir o desperdício no longo prazo. A nosso ver, *tudo sob medida* e *nada a desperdiçar* serão importantes na mente da maioria dos funcionários em organizações voltadas para o futuro. A personalização está se tornando uma missão crítica para o departamento de recursos humanos, pois adapta benefícios e incentivos, com precisão, às necessidades e interesses pessoais de cada funcionário. De modo geral, pensamos ser provável que a concorrência leve muitas empresas a responder diretamente às demandas exclusivas de produtos e serviços personalizados, para os quais a distribuição exigirá canais de comunicação eficazes para compartilhar fluxos de informações e mover as decisões do mercado local para onde os clientes expressam preferências exclusivas. As culturas de Nível 2, construídas em fluxos de informações bidirecionais não onerados, estarão em posição muito melhor para atender à demanda de uma ampla variedade de produtos e serviços personalizados entregues diretamente ao consumidor.

Construir uma rede de relações pessoais que abra as interfaces críticas entre as pessoas em uma organização implica que funções estáticas e definidas podem sair de sincronia ou neutralizar relacionamentos produtivos de Nível 2. Relacionamentos, e não funções, talvez sejam os primeiros pontos centrais a serem otimizados no projeto e no redesenho das organizações. *Líderes humildes precisarão* personizar *para personalizar.*

Uma maneira de caracterizar equipes que se autogerenciam é o fato de se formarem de maneira retroativa, partindo do produto customizado desejado. Essas sobreposições de Nível 2 funcionam combinando seções transversais exclusivas de habilidades e personalidades, baseando-se em relacionamentos francos e confiáveis, em vez de em cadeias de comando. Esse tipo de organização parece caótico, mas já se desenvolveu em algumas indústrias que estão tentando transformar Vuca (sigla inglesa para volatidade, incerteza, complexidade, ambiguidade) em vantagem. A liderança hábil na criação de relacionamentos a partir da meta de atender a uma necessidade exclusiva do cliente pode estar mais bem preparada do que a liderança focada em manter a ordem dentro dessas quatro linhas. Se o mercado exige customização, a tarefa da liderança será montar "equipes de alto desempenho" (Ricci e Weise,

2011) com gente qualificada e ágil o bastante para gerar customização e adaptação contínua.

A Liderança Humilde sempre terá de reconsiderar como organizar relacionamentos e grupos de trabalho em um mundo móvel global

> *Organizações centralizadas e personalidades autoritárias, baseadas em certezas, não terão sucesso em um mundo que caminha para a distribuição de tudo.* (Johansen, 2017, p. 148.)

No futuro imediato, veremos mais organizações mais bem descritas como "organizações que mudam de forma" (Johansen, 2017), nas quais o comportamento antiquado de troca transacional de comando e *ocultação* não será recompensado, e a liderança ocorrerá de forma orgânica, e não hierárquica. As hierarquias ainda existirão, mas poderão se fazer presentes ou não (Johansen, 2017), e o vigor das organizações emergirá da zona limítrofe onde a construção de relacionamentos cooperativos será mais importante do que quem trabalha para quem. Em nossa opinião, a confiança e a franqueza de Nível 2 tornam-se os tecidos conjuntivos críticos que em uma organização unem líderes e seguidores de ponta a ponta.

Em última análise, o futuro trará mais alvos móveis e aprendizado para lidar com eles. No Exemplo 5.1, citamos o livro *Turning the Ship Around* (2012), no qual Marquet informou que seu objetivo era transformar relacionamentos líder-seguidor em relacionamentos líder-líder, para simbolizar como todos tinham conhecimento específico e contexto em relação a uma parte do submarino, e, no final, todos deviam ser líderes das próprias áreas. Se pensarmos neles como líderes humildes, todos poderão buscar informações e a ajuda uns dos outros a qualquer momento, garantindo que tudo funcione bem, de acordo com seu objetivo comum. Isso sugere que uma das perguntas capitais da Liderança Humilde, que qualquer tripulação poderia fazer a qualquer momento, é: "Podemos revisar nosso objetivo agora: o que estamos tentando fazer?".

Na dinâmica de grupo e no treinamento de gestão de reuniões, descreve-se isso como "teste de consenso de metas", que deve se tornar um processo importante de Nível 2 em qualquer grupo de trabalho, a ponto de alguém perguntar "Vamos verificar se estamos todos falando a mesma língua: o que pretendemos fazer?", e fazê-lo em uma organização global dispersa geograficamente. As redes móveis globais tornam isso tecnicamente possível, mas o desafio da liderança será facilitar a reflexão e a criação de senso de grupo, que devem construir pelo menos entendimentos comuns para além das fronteiras linguísticas e culturais.

A Liderança Humilde envolverá a presença física e virtual à medida que as organizações se tornarem mais distribuídas em termos globais

Uma das decisões mais importantes que um líder humilde precisa tomar, agora e no futuro, é até que ponto a presença física será necessária para estabelecer e manter relacionamentos de Nível 2 com subordinados diretos e os principais colaboradores em uma organização. Acreditamos que sempre será o caso, mesmo em uma empresa em fase de mudança, de os líderes seniores estarem certo tempo presentes no âmbito de suas organizações. No entanto, o mítico executivo de nível C, que hoje precisa passar trinta semanas por ano longe do escritório para *personizar* e manter a conexão com filiais distantes, pode no futuro se sentir menos obrigado a estar fisicamente presente o tempo todo. Para o restante da organização, suspeitamos que a pressão cultural para ser "visto no escritório, em sua mesa" provavelmente também vai diminuir nas próximas décadas.

Anos atrás, Marissa Mayer, CEO do Yahoo!, virou notícia ao reverter em casa um programa de trabalho que muitos funcionários adoravam, algo que foi considerado também uma redução de sua eficiência na empresa (Swisher, 2013). Foi um marco interessante, pois o Vale do Silício passou por ondas de experimentação com trabalho flexível, escritório remoto, espaço compartilhado, conferência de áudio/vídeo, e assim por diante. O trabalho de Mayer no Yahoo! foi um dos indícios, na época, de que o pêndulo poderia estar oscilando para favorecer a eficiência no escritório em detrimento da eficiência em casa. Esse "pêndulo" encontra um lugar confortável no meio? Agora, só alguns anos depois, vemos ainda mais motivos para acreditar que a telepresença, a presença virtual ampliada, pode fornecer o meio-termo de que os líderes precisam.

Vemos essa tendência como, em parte, um reflexo da possibilidade de que as tecnologias para conectar pessoas e equipes em redes sejam ampliadas por sensores e *big data* de maneiras a tornarem a telepresença tão ou mais eficaz do que a presença física real. Outro fator que também pode auxiliar na eficiência da telepresença é a força de trabalho que a utiliza. Temos certeza de que os funcionários mais jovens em atividade daqui a dez anos serão adeptos do uso da tecnologia móvel para se comunicar de forma instantânea e completa com seu trabalho e redes pessoais. Achamos que vale a pena considerar que parte do vento contrário que vimos na adoção em escala total de soluções de telepresença podem ser as pessoas, não a tecnologia. Funcionários mais velhos no trabalho hoje (vamos nos arriscar a rotulá-los de *baby boomers* por enquanto) representam uma corte que vem diminuindo com rapidez, substituída por nativos digitais que provavelmente acharão a adoção de tecnologias de telepresença fácil, se não recompensadora.

Como exemplo da nova tecnologia de telepresença que talvez mude nossa perspectiva, devemos rever como a IA pode agregar novos benefícios: veremos, especificamente, "IA com detecção de reação" como parte da tecnologia da sala de conferências virtual? Considere-se uma sala de conferências em rede na qual um líder de equipe possa conduzir uma reunião em tempo real e de qualquer lugar. Aumentar uma reunião em tempo real com armazenamento e reprodução pode permitir que a equipe tenha uma noção melhor dos sentimentos e reações das outras pessoas na sala. Já existem sensores e IA que detectam sentimentos. Sistemas de *feedback* de grupo/público estão sendo implantados. Poderíamos melhorar a experiência pessoal ao permitir que outros analisem as reações de cada membro da equipe em pontos críticos ou controversos na discussão? Sempre teremos limites na capacidade de interpretar a sala se estivermos limitados a estar na sala; mas quem sabe o que as tecnologias de detecção de reação compensatória podem fornecer – dados ainda melhores sobre "o estado da sala" –, algo pelo qual a presença física talvez passe despercebido?

Um painel de sentimentos baseado em sensores, em vez de um *input* voluntário, pode passar a impressão de estar violando os limites da privacidade ou da conveniência. Johansen se refere a um "vale misterioso" em que tecnologias, como sensores automáticos que avaliam sentimentos, possam ir um pouco longe demais e não ser adotadas (Johansen, 2017, p. 106). Antes de chegar ao "vale misterioso" do sensor de sentimentos, a ampliação de reuniões ainda poderia melhorar o fluxo das informações, em particular em relação a um assunto difícil em uma reunião contenciosa. Um líder humilde terá de ouvir todas as vozes na sala. Ele poderá encontrar o tom certo, a segurança psicológica necessária para permitir uma troca de informações bidirecional irrestrita. Mas, ainda assim, a tendência de alguns a levantar a voz na sala, fenômeno comum de grupo, não vai desaparecer tão cedo. A ampliação da reunião com sistemas de telepresença pode com facilidade melhorar uma reunião muito embaraçosa após o evento, fornecendo *feedback* armazenado para reflexão posterior, não distorcido no momento por aquela voz mais estridente na sala.

Uma coisa que acreditamos que a telepresença não acrescentará é o estabelecimento *inicial* de confiança e franqueza. Ainda vamos precisar dessa ligação pessoal humana, do vínculo que se forma nos momentos de folga, nas conversas intersticiais, "no cafezinho", nos corredores, em um bar depois do trabalho. A nosso ver, a frequência do tempo presencial consagrado à gestão de resultados obtidos por outros é que pode diminuir nas próximas décadas. Isso amplia nossa visão de que uma das principais habilidades do líder humilde emergente é a rápida *personização*, para estabelecer sem demora uma comunicação franca nos momentos em que os grupos estão juntos, permitindo, por sua vez, uma frequência crescente de momentos em que a telepresença seja mais produtiva. A Liderança Humilde baseia-se, de preferência, na *personização* que alavanca a presença física para a criação conjunta de impulso, mais do que para a correção de falhas de comunicação.

Resumo e conclusões

O melhor caminho para resumir essas ideias é em termos das dimensões básicas que têm constituído nosso modelo de Liderança Humilde (ver Figuras 7.1 e 7.2).

A história dos negócios fornece vários exemplos do inovador heroico que propõe algo novo e melhor. A imagem do inovador independente, arriscando tudo com extraordinária confiança e perseverança, permanecerá crucial para o mito do líder heroico. O que questionamos é se esse modelo do chefe isolado que toma decisões sozinho no topo, onde "a bola para", permanecerá tão importante no futuro.

Em setores orientados pela inovação, nos quais Vuca é uma realidade estabelecida, acreditamos que, à medida que uma empresa amadurece, o líder isolado e heroico vai acabar sofrendo com a falta de informações completas para tomar as decisões certas. Dissemos que o traço distintivo do líder humilde, em qualquer nível da organização, é o talento para a implantação de relacionamentos excelentes de Nível 2, que fornecem com naturalidade mais e melhores fluxos de informações necessários para inovar em ritmo acelerado.

Uma mentalidade individualista, competitiva e arrogante limita a capacidade do líder para enfrentar a incerteza e a volatidade, uma vez que nenhum indivíduo será capaz de processar todo o volume de dados ou assimilar todo o *input* dinâmico, imprescindíveis para uma estratégia eficaz. Iconoclastas brilhantes, criativos e carismáticos ainda se apresentarão para propor algo novo e melhor. No futuro que entrevemos, contudo, essa liderança brilhante se expressará mais na cooperação "nós juntos" do que na ilusão "eu sozinho", em particular à medida que as organizações crescerem e se tornarem mais diversificadas.

A Figura 7.2 apresenta a perspectiva organizacional: vemos os papéis (parte inferior do eixo vertical) que definem a hierarquia (à esquerda do eixo horizontal) e as respectivas linhas de atividade como de importância secundária para as *camadas* de relacionamento de Nível 2 de líder humilde. Todas as organizações enfrentam altos e baixos de superávit e déficit orçamentário. Isso invariavelmente força a competição entre divisões e funções para alocar recursos controlados com rigidez. As próprias funções representam alocações de orçamento definidas ("Podemos pagar mais um gerente de produto?"). Nesse contexto, relacionamentos profissionalmente distantes entre as funções através das linhas divisórias são bastante apropriados ("Trocar ideias perto o suficiente para estar pronto para cooptar seu pessoal na próxima reorganização").

No canto superior da Figura 7.2, a ênfase está nas relações dinâmicas entre grupos flexíveis. Para nós, "modelo de sistema vivo" é uma organização capaz de responder ao que vem de fora, remanejando com rapidez os recursos (pense em um corpo direcionando dinamicamente o fluxo sanguíneo para os músculos que precisam dele).

FIGURA 7.1 A perspectiva do líder

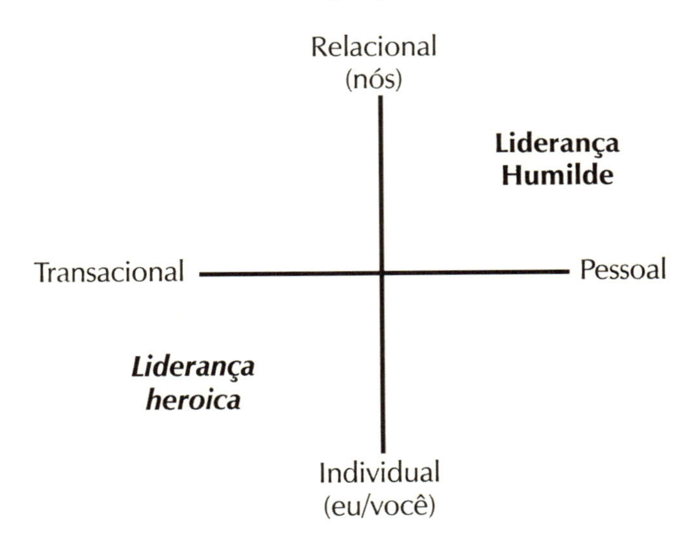

FIGURA 7.2 Perspectiva da organização

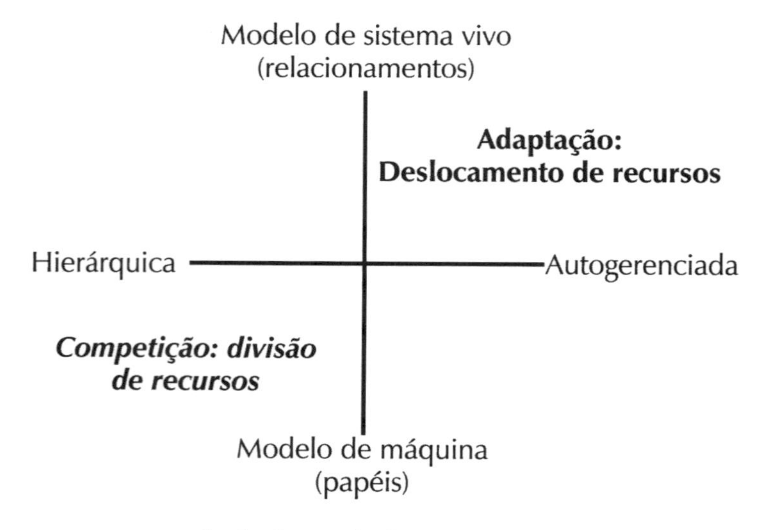

O sistema responde de forma holística e cooperativa, mudando a energia com rapidez, independentemente de funções, para se adaptar a uma nova ameaça ou oportunidade. Ao permitir que a parte afetada da organização (o corpo) responda da maneira que melhor se adapte à necessidade imediata, o sistema possibilita à parte afetada administrar os próprios recursos e regular o próprio uso de energia. Mudar os recursos de forma dinâmica é a chave para o sucesso do sistema.

Líderes humildes existem para "interpretar a sala", tanto a situação quanto as pessoas envolvidas. Em seguida, definem a direção para algo novo e melhor, dadas as circunstâncias voláteis, e, depois, fortalecem os relacionamentos de Nível 2, que garantem informações completas, necessárias para permitir que *a flexibilidade nunca deixe de atuar.*

A **liderança futura** pode evitar uma ruptura ao adotar um projeto organizacional adaptativo, inclusivo e orgânico.

OITO

A LIDERANÇA HUMILDE EXIGE O REFORÇO DAS "COISAS LEVES"

DISSEMOS NO CAPÍTULO 1 QUE algo novo está "no ar". Aludíamos a uma crescente aceitação de que a cultura gerencial precisa ser centrada em processos interpessoais e de grupo – de forma coloquial, "as coisas leves". Nas várias histórias dos capítulos 3 a 6, descrevemos como os líderes tinham o que chamamos de mentalidade de Liderança Humilde e como seu sucesso resultou, na maioria dos casos, de suas habilidades de Nível 2 em gestão de grupos. É impressionante a maneira como os líderes reúnem grupos, fornecendo incentivos e experiências para transformá-los em equipes de alto desempenho. Quando o foco está nas relações interpessoais dentro das organizações, é inevitável que a dinâmica de grupo se torne a variável crítica para determinar os resultados ideais das tarefas. O futuro exige que transformemos a racionalidade técnica em racionalidade sociotécnica.

Aprender a pensar em termos de processos interpessoais e grupais é um dos alicerces da Liderança Humilde. Implica até mesmo aprender com as artes performáticas, em que o processo é crucial para um desempenho de sucesso, bem como ampliar nossos critérios de "sucesso" ou "vitória" para incluir outros mais qualitativos, como "desempenho total do sistema" ou "aprendizagem adaptativa eficaz". O foco de medição quantitativa se adapta ao modelo linear da máquina, mas, à medida que o trabalho se torna mais orgânico e sistêmico, a maneira como avaliamos os resultados deve incorporar novos critérios perceptivos, se não emocionais, adequados à complexidade do trabalho.

A ligação entre liderança e grupos dinâmicos não é nova. Psicólogos sociais que estudam organizações sabem há muito tempo que as relações de grupo são poderosas e que se consegue muito mais quando os funcionários trabalham juntos, e não sozinhos. O poder de motivação de grupo foi bem estabelecido em vários experimentos que destacaram que o melhor modo de aumentar a energia e a motivação de um grupo era fazê-lo competir com outro. Muito se sabe sobre os efeitos positivos e negativos das forças de grupo em diferentes tarefas e situações contextuais (Schein, 1999). No entanto, estávamos tão focados em melhorar a motivação que fechávamos os olhos quando se tratava de ver as várias consequências correlatas dentro do grupo, entre as quais se tornar mais autocrático, calar opiniões divergentes, tomar decisões precipitadas e, de modo geral, anular as diversas forças no grupo que levavam as melhores ideias.

Foco no processo de grupo e na aprendizagem experimental

O interesse pela dinâmica de grupo foi estimulado pelas teorias e experimentos do sociólogo alemão Kurt Lewin, que fundou o Centro de Pesquisa para a Dinâmica de Grupo e inaugurou um programa de doutorado no MIT em 1945. O que houve de realmente novo nos estudos de Lewin foi a descoberta de que os *sujeitos* da pesquisa podiam se envolver de forma útil no próprio processo de pesquisa, o que desde então passou a ser conhecido como "pesquisa de ação". Não apenas os membros do grupo fornecem dados vitais, que os observadores não podem ver, como o envolvimento no processo de pesquisa lhes propicia ricas experiências de aprendizado pessoal. Estabelece-se um vínculo forte entre a geração de conhecimento e a aplicação imediata deste aos problemas investigados, em particular no campo da educação.

Essa percepção levou à experimentação do próprio processo de aprendizagem. Suponha que os alunos tenham a responsabilidade primária de aprender e o papel do professor seja fornecer o ambiente e as ferramentas de aprendizagem, mas não o programa ou as leituras: esse método, é evidente, teria limitações nas ciências exatas, mas poderia ser a chave para aprender as coisas leves, além da dinâmica dos relacionamentos, grupos e cultura.

Descobriu-se que o ensino e a aprendizagem de grupos e dinâmicas interpessoais poderiam de fato ser bastante potencializados se o professor, em vez de "contar", pedisse aos alunos que tivessem experiências em tempo real e as analisassem com a ajuda do professor. Esse processo de criação conjunta veio a ser o que hoje chamamos de "aprendizagem experimental" e levou à fundação, em 1947, dos National Training Laboratories, onde os grupos T (T de "treinar") foram criados em Bethel, Maine, como a peça central dos laboratórios de relações humanas sobre liderança e dinâmica de grupo (Schein e Bennis, 1965; Schein, 2014).

O que hoje é conhecido como desenvolvimento organizacional (DO) surgiu dessas primeiras experiências com treinamento de sensibilidade, em que gerentes e facilitadores, trabalhando juntos, aprenderam como *a análise sistemática do processo de grupo* era necessária para dar sentido aos eventos que ocorriam dentro e entre os grupos em uma organização. Hoje, um dos principais problemas organizacionais citados pelos gerentes é como fazer com que os "silos", diferentes divisões, grupos de produtos ou unidades geográficas trabalhem juntos. Como a ênfase em um "processo de grupo" ajudaria? Nos laboratórios de relações humanas, criamos grupos e os fizemos interagir uns com os outros em comunidades simuladas ou em exercícios competitivos; pudemos, assim, observar como as tribos se formavam em questão de dias e como surgia com rapidez uma competição disfuncional entre elas. Em seguida, pudemos experimentar como reduzir as tensões intergrupais ou como criar conjuntamente grupos que fossem mais cooperativos, se não sinérgicos desde o início. Assim como o processo de aprendizagem foi criado em conjunto nos grupos T, o projeto de organizações, grupos e equipes poderia ser criado da mesma maneira pelos convocadores e membros do grupo, não por um especialista externo. Aprendemos desde o início, nos grupos T, que essa criação conjunta dependia sempre, em primeiro lugar, da construção de relacionamentos, e isso significava conhecer uns aos outros como indivíduos por meio da *personização*.

Também aprendemos que administrar mudanças, resolver problemas e tratar patologias organizacionais dependia de que os participantes tomassem consciência do processo de grupo por meio da reflexão e da análise em situações simuladas ou "exercícios" planejados a fim de tornar as questões e os processos do grupo visíveis. Um líder humilde poderia criar as condições para essa mudança projetando em conjunto novas experiências de grupo, como ilustram os exemplos a seguir.

Exemplo 8.1 Um processo para que os silos funcionem juntos

Saab Combitech, a divisão técnica da Saab, consistia em seis unidades separadas de pesquisa, cada uma trabalhando para uma diferente divisão da companhia.

(Esses exemplos, relatados em *Humble Consulting* (2016), foram adaptados para o propósito deste livro.)

O CEO contratou Ed como consultor para projetar uma atividade que faria os chefes dessas unidades de pesquisa reconhecerem o potencial de colaborar em vez de funcionar como unidades em competição por recursos escassos. Ed e o CEO desenvolveram um *workshop* de três dias, sobre processo, para os principais executivos das seis unidades, em três segmentos (Schein, 2016).

No segmento um, Ed explicaria o conceito de cultura e como decifrá-lo. Cada grupo designaria dois de seus membros para se tornarem "etnógrafos" que, no segmento dois, iriam para outros grupos a fim de aprender sobre as culturas uns dos outros e em seguida, no segmento três, relatariam as suas descobertas ao grupo total. Eles poderiam então discutir de forma coletiva temas culturais que eram comuns e serviriam de base para desenvolver mais cooperação. O impacto de fazerem essa observação mútua com lentes culturais e de serem forçados a conversar entre si sobre o que observaram gerou um tipo de conversa bastante diferente, que levou a muitas formas de cooperação nos anos seguintes.

O que fez isso funcionar foi o projeto conjunto com o CEO. Ele quis que os membros principais de cada uma das seis unidades se conhecessem melhor, para começarem a construir relacionamentos de Nível 2. Mas, em vez de apenas fazer com que eles produzissem algo juntos, achou mais proveitoso transformar o processo em um exercício de aprendizagem: "Vamos aprender sobre as culturas uns dos outros" foi o grande objetivo, pois a meta implícita era aprender a funcionar em sinergia, entre silos. O CEO também entendeu que era ele *o dono da intervenção* e fez de suas necessidades a força motriz.

Com Ed no papel de consultor, o alto grau de *personização* de Nível 2 com o CEO da Saab Combitech capacitou-o, e ao CEO, a desafiarem os diferentes chefes dos silos a trabalharem de forma franca, deixando de fora a desconfiança que caracterizou a rivalidade anterior entre os silos. Essa experiência com o CEO da Saab Combitech também lembrou a Ed suas primeiras interações com o CEO da Ciba-Geigy (CG), a Swiss Chemical MNC agora propriedade da Novartis. No início da construção do relacionamento com Ed, o CEO da CG convidou-o para passar uma noite e um dia em sua residência no país a fim de conversarem. Embora se sentisse um tanto perturbado no começo, Ed logo percebeu por que isso acelerava o processo de trabalho em seu envolvimento com a CG. A conexão de Nível 2, acelerada pelo tempo despendido em um contexto pessoal, gerou confiança e proporcionou uma abertura crítica para a realização do trabalho de mudança.

Exemplo 8.2 Criação de um processo organizacional diferente na Massachusetts Audubon Society

A Massachusetts Audubon Society (Mass Audubon) era uma grande e bem-sucedida organização de conservação da vida selvagem e da terra que já operava há muito tempo em toda a Nova Inglaterra. Ed estava no conselho há cerca de dois anos quando Norma, a diretora do Mass Audubon, e Louis, o presidente do conselho, decidiram que era hora de uma campanha para levantar fundos. Essa campanha acontecera uma década ou mais antes, e a necessidade de novos edifícios e expansão de programas crescia com rapidez. A grande questão era se o conselho estava pronto para levar adiante essa campanha, que exigiria muito trabalho extra e comprometimento dos membros do conselho e da equipe da organização.

O comitê de processo concluiu que precisava criar uma força-tarefa de membros comprometidos do conselho para decidir se este estava pronto ou não e pediu a Ed para comandá-la. Ele concordou e encarou como um desafio descobrir se o uso do que hoje chamamos de abordagem de Liderança Humilde poderia influenciar o modo como essa força-tarefa de dez membros do conselho trabalharia em conjunto na campanha.

O plano de Ed como chefe da força-tarefa era permitir que o grupo se familiarizasse de modo informal durante uma refeição, apenas com a dica de que discutiriam se o conselho e a organização estavam prontos ou não para uma campanha importante. Isso exigia anular o desejo de Norma de começar com um discurso sobre como as forças-tarefas anteriores haviam funcionado. Ela também teve de concordar em começar com um jantar informal em um clube local, que estimularia a *personização*. Durante o jantar, Ed manteve a conversa generalizada, mas depois, quando chegou a sobremesa, propôs o seguinte com ênfase e seriedade:

> Para dar continuidade à nossa discussão, eu gostaria que todos fizéssemos algo que alguns de vocês talvez achem um pouco diferente, mas a meu ver é muito importante para darmos o primeiro passo. Seria bom que cada um de nós, na ordem em que estamos sentados, começando pela minha esquerda, reservasse um ou dois minutos para dizer ao grupo, com sinceridade, por que você pertence à Mass Audubon. Eu não gostaria de ouvir nenhuma discussão ou interrupção até que todos tenhamos falado. Poderemos, em seguida, ir adiante com a nossa agenda formal. Isso vai demorar um pouco, mas é importante ouvirmos a todos. Por que vocês pertencem a esta organização?

A lógica por trás desse tipo de *check-in* era fazer com que todos dissessem algo pessoal. O objetivo de pedir às pessoas que falassem "com sinceridade" era *personizar* sua adesão e, ao mesmo tempo, coletar informações a partir das quais se pudesse deduzir até que ponto os membros da força-tarefa estavam de fato comprometidos com uma campanha tão importante. Se faltasse entusiasmo à força-tarefa, seria necessário considerar o adiamento de toda a ideia.

Esse processo elevou o nível de cooperação no grupo. Cada um falou com grande paixão sobre a importância da Mass Audubon em sua vida, da importância dela na conservação e educação da natureza, e de como se sentia entusiasmado em ajudá-la a crescer e prosperar. Ao final de meia hora, todos haviam falado e ficou claro que a força-tarefa estava pronta para prosseguir com o árduo trabalho de envolver o restante da diretoria e, sobretudo, os funcionários e a equipe da Mass Audubon.

A força-tarefa de líderes seniores decidiu então replicar esse processo de "verificação" com as respectivas equipes. Foi pedido a cada um dos chefes de equipe que dissesse por que trabalhava para a Mass Audubon, e os membros do conselho repetiram suas declarações. Soubemos mais tarde que um dos resultados imprevistos mais significativos dessas reuniões foi que, pela primeira vez, a equipe como um todo ouviu dez membros do conselho dizerem por que pertenciam ao Mass Audubon. Até aquele momento, a equipe via esses membros apenas como nomes, com níveis desconhecidos de interesse pela organização. Além disso, como havíamos previsto, os funcionários aprenderam muito, pela primeira vez, sobre os níveis de compromisso e interesse uns dos outros. A organização vinha seguindo um processo formal de Nível 1 determinado pelo desempenho de papéis e nunca tivera uma sessão em que sentimentos, motivos e valores mais pessoais pudessem ser aproveitados.

O que começou como uma intervenção relativamente pequena acabou tendo grande impacto porque *personizou* todo o processo de trabalho conjunto na importante campanha. A campanha, em si, decolou com conexões pessoais, envolvimento emocional e grande entusiasmo, de modo que, em um período de dois anos, atingiu com sucesso sua meta multimilionária.

A grande contribuição desse tipo de *aprendizagem experimental* foi dar às pessoas nas organizações uma visão pessoal de como os processos de grupo funcionavam e qual era a importância da compreensão e da gestão de tais processos para a realização das tarefas que os grupos haviam empreendido. Em questionários subsequentes, os grupos poderiam coletar mais ideias e desenvolver as habilidades de processo necessárias para administrar ativamente o trabalho do grupo.

Desenvolvimento e crescimento de grupo

O desempenho dos grupos depende muito de como eles são criados e das normas que regem a segurança psicológica para todos os membros. Um líder treinado em dinâmica de grupo deve compreender como os grupos se desenvolvem em torno das tarefas específicas que enfrentam. A eficiência do grupo reflete os tipos de relacionamento fomentados nas reuniões iniciais, e essa dimensão da liderança é muitas vezes ignorada na corrente principal de "desenvolvimento de liderança", que enfatiza as habilidades especiais exigidas para a excelência da liderança individual, em vez das habilidades necessárias para fazer os membros se sentirem em segurança psicológica e para construir uma cultura de grupo que seja adaptada a seu propósito. O líder humilde precisa estar ciente das necessidades dos membros para desenvolver sua identidade no grupo, para determinar como eles podem contribuir e, o mais importante, para desenvolver a compreensão e a aceitação dos outros grupos. Esse processo costuma falhar quando os líderes impelem os grupos ao trabalho com muita rapidez, ou seja, antes que ocorra uma *personização* suficiente entre os membros. Assim, a confiança e a abertura permanecem em um Nível 1 marginal e a colaboração parece mais uma troca do que uma cooperação.

Tornando a dinâmica de grupo uma responsabilidade crucial da liderança

Estamos propondo, com a Liderança Humilde, enfatizar os conceitos e o vocabulário em torno da construção, da manutenção e do desenvolvimento de grupo, além das relações externas e internas que destacam o modo como seus membros desempenham vários papéis adaptativos em diferentes estágios de desenvolvimento do grupo. É que os limites do grupo vão mudar de forma imprevisível, pois o trabalho organizacional vai moldar a mudança. Líderes e seguidores serão descrições de papel secundárias em relação ao reconhecimento dos papéis e das funções importantes do grupo, que o tornarão mais ou menos eficiente: *convocação, definição de metas, aperfeiçoamento de normas, solicitação de ideias,* brainstorming, *construção de compreensão sistêmica, identificação de possibilidades, processamento de decisões, resumo, teste de consenso, planejamento de ação e construção de sentido de grupo.* Nossa opinião é que esses não devem ser tópicos nem áreas de desenvolvimento para habilidades de especialistas de grupo e consultores, mas tornar-se habilidades definidoras do líder humilde eficiente.

Devemos, também, lembrar que as primeiras pesquisas de grupo mostraram a distinção muito real entre líderes de *tarefa* e líderes *relacionais* na evolução do grupo (Bales e Cohen, 1979; Hackman, 2002). Não convém ignorar os estágios de desenvolvimento do grupo que determinam se a solução de seus problemas será válida ou, como no "pensamento de grupo", refletirá as agendas privadas de certos membros. Líderes humildes precisam estar cientes de como é fácil para um grupo começar a fazer no coletivo o que de fato ninguém de boa vontade faria, porque ninguém sente a segurança psicológica completa para falar nem tem *a habilidade de testar o consenso.* Aqui nos referimos, é claro, à disfunção bem documentada e muito familiar, conhecida como "paradoxo de Abilene" (Harvey, 1988).

É importante ver essa questão como uma questão de *habilidade*. A Liderança Humilde pressupõe habilidades e experiência para saber quando e como intervir com resumos, testes de consenso, pesquisas e, por fim, tomadas de decisões e planejamento de ações.

Líderes humildes, também, devem ser cautelosos com a tática de aplicar critérios de eficiência ao andamento das reuniões, incluindo a publicação de agendas com antecedência e, mesmo quando *novos membros* estão na reunião, iniciar a discussão de imediato, mantendo horários rígidos e, em essência, conduzindo uma reunião bem parecida com o funcionamento de uma máquina. Por que isso é um erro? Porque, inevitavelmente, quando os indivíduos entram em um novo grupo e participam de uma reunião com pessoas desconhecidas, cada participante se voltará para direções conflitantes: uma força são os pensamentos autoconscientes sobre por que estamos lá, o que se espera de nós, até que ponto teremos segurança psicológica para falarmos e quais interesses ocultos ou "elefantes na sala" podem estar afetando a eficiência. A outra força será a ânsia implacável de obter eficiência, administrar o tempo com precisão, reforçar a hierarquia implícita e progredir por meio do apego judicioso, se não brutal, a itens de ação e resultados. O que resta entre essas forças são a adaptabilidade e a energia orgânica de um grupo que aprende como sequenciar um fluxo contínuo de novas tarefas, quando não de novas prioridades.

Especialmente se esse for um novo grupo ou uma reunião com novos membros, uma abordagem melhor é sempre começar de forma informal, com um encontro (não uma reunião, mas talvez um almoço grátis ou petiscos e bebidas para todos) e um *check-in* informal que permitam às pessoas interagirem e se conhecerem um pouco. Comida e bebida, de modo automático, colocam todos no mesmo plano como humanos "partilhando o pão", algo essencial para garantir a segurança psicológica.

Não deve ser ignorado que mesmo um grupo maduro tem de se manter e se apoiar caso pretenda estabelecer conexões e funcionar em uma rede de grupos, ligar-se a outros grupos e desenvolver a agilidade necessária para se haver com eventos inesperados, que possam exigir diferentes tipos de líderes e seguidores, além de um comportamento associativo (Bennis e Shepard, 1956; Bion, 1959; Schein, 1999).

Resumo e conclusões

Quando tudo estiver dito e feito, temos de aceitar que liderança e cultura, dinâmica interpessoal e de grupo estão interligadas em termos conceituais e comportamentais. Esse é o *socio* do sistema sociotécnico; são as "coisas leves" que os líderes humildes não podem delegar ao RH, consultores externos ou facilitadores. Isso é muitas vezes ignorado ou varrido para debaixo do tapete nas culturas de gestão transacional de Nível 1. *É mais uma vez (ou talvez sempre tenha sido) a hora de trazer as coisas leves para a corrente principal de gestão e liderança.*

Todos nós temos a capacidade de vivenciar e trabalhar no Nível 2 ou mesmo no Nível 3, mas não a incorporamos o suficiente nas situações de trabalho que a exigem. *Personizar* é um desafio. Viver em um mundo vinculado às funções transacionais é mais fácil. Desistimos de realizar o trabalho porque é preciso *personizar*, construir cooperação eficiente e aprendizado em equipe.

Os líderes humildes emergentes perceberão que serão eficientes graças à sua compreensão dessas coisas leves de Nível 2 e à sua capacidade de administrá-las. Eles aprenderão isso por experiência própria, com consultores e a partir do próprio envolvimento em *workshops* e várias atividades de treinamento. No entanto, no final, devem não apenas entender essa habilidade, mas possuí-la. Acreditamos que, no fim, a liderança em organizações complexas será a Liderança Humilde *personizada* de Nível 2.

Mostraremos como se chega lá descrevendo com um pouco mais de detalhes, no próximo capítulo, a mentalidade, as atitudes e as habilidades comportamentais necessárias para adquirir competência na Liderança Humilde. Sugeriremos leituras e exercícios, mas queremos deixar claro que o nosso próprio aprendizado nessa área foi fruto da experiência e que a compreensão da dinâmica de grupo e interpessoal requer a vivência dessas dinâmicas, e não apenas leitura ou ouvir falar sobre elas.

A **essência da Liderança Humilde** é a concentração na dinâmica interpessoal e de grupo.

Nove

Personização: construção de relacionamentos de Nível 2

Como dissemos no início, a maioria dos adultos humanos socializados sabe como construir relacionamentos de Nível 2 em sua família e com os amigos. Você *personiza*, mas pode não pensar nisso como mentalidade, atitude e habilidades especiais. E pode ainda não ter tido a oportunidade de desenvolver intencionalmente relacionamentos de Nível 2 no trabalho.

Nosso objetivo ao escrever este livro é fazer os leitores pensarem tanto, ou mais, sobre o *processo* de construção de relacionamentos no trabalho quanto sobre o *conteúdo* do próprio trabalho.

Achamos que a Liderança Humilde exige certo tipo de mentalidade, certas atitudes em relação ao trabalho com outras pessoas e habilidades para trabalhar com grupos. Pensamos no processo de aprendizagem em cada um desses domínios como constituído por três partes:

1. *Leitura e reflexão* atentas.

2. *Trabalho de casa* na mesa, projetando relações de trabalho.
3. *Aprimoramento de habilidades comportamentais* por meio de trabalho de campo e aprendizagem experimental – a sós ou com outras pessoas.

Parte 1. Ler e refletir

Nesta seção, apresentaremos uma série de referências a outros grupos de trabalho afins que irão aprofundar sua compreensão de Liderança Humilde.

Exercício 9.1 Leitura

Eis a seguir alguns dos principais exemplos de pesquisa paralela e modelos conceituais que refletem a ênfase no processo e na dinâmica de sistemas complexos. Sugerimos refletir e continuar aprendendo sobre pontos de interesse específicos neste ecossistema de Liderança Humilde:

- Douglas McGregor, em seu clássico *The Human Side of Enterprise* (1960), articulou a "Teoria Y" como uma visão otimista da natureza humana segundo a qual as pessoas desejam trabalhar e fazer coisas. Cabe à administração criar as condições e fornecer os recursos para que o trabalho seja realizado. Grande parte da cultura gerencial é construída sobre a cínica "Teoria X", segundo a qual as pessoas não querem trabalhar e precisam ser motivadas, receber incentivos e ser controladas.

- Karl Weick, em seu *Sensemaking in Organizations* (1995), mostrou como a criação de sentido é um processo básico que indivíduos e grupos precisam aprender porque a experiência bruta não fornece os significados e sinais que podem ser mais importantes. A criação de sentido tornou-se um processo crucial em trabalhos de alto risco, como em usinas nucleares e no combate a incêndios florestais, mas é, sem dúvida, também relevante em qualquer trabalho complexo e colaborativo. Veja também Weick e Sutcliffe, *Managing the Unexpected* (2007).
- Erving Goffman, em seus livros *The Presentation of Self in Everyday Life* (1959), *Behavior in Public Places* (1963) e *Interaction Ritual* (1967), expõe com brilhantismo as sutilezas das relações humanas e da dinâmica de grupo, ensinando-nos, ao mesmo tempo, a ter consciência de que sempre fazemos isso de modo automático. Sua análise torna bem claras as regras culturais da sociedade sobre os Níveis 1, 2 e 3.
- Peter Senge, em *The Fifth Discipline* (1990), mostra como o *pensamento sistêmico* é crucial para a "organização de aprendizado". Na Society for Organizational Learning, ele vem treinando gerentes em aprendizado organizacional e pensamento sistêmico

há décadas, por meio de *workshops* experimentais que se aprofundam no pensamento relacional.

- Otto Scharmer (2009), com sua *Teoria U* e o conceito de "presença", redefiniu diferentes níveis de atenção plena, mostrando que a conversa reflete os vários graus de conexão com nossos pensamentos e os dos outros, e que as conexões profundas e a reflexão conjunta são as únicas bases para a mudança transformadora que leva a um novo comportamento.
- Bill Isaacs, em *Dialogue and the Art of Thinking Together* (1999), ensinou-nos uma maneira totalmente nova para os grupos interagirem com sua retomada do conceito de diálogo de Bohm (1989), ao falar ao redor de uma fogueira e enfatizar a suspensão de nossas reações em vez de ceder à "voz mais alta da sala" ou dar respostas automáticas em uma conversa.
- Amy Edmondson, em *Teaming* (2012), oferece-nos extensas pesquisas e casos sobre como é importante montar grupos de trabalho para *aprenderem juntos*, pois no processo de aprendizagem algumas disfunções da hierarquia são amenizadas.
- Jody Gittell, em *Transforming Relationships for High Performance* (2016), defende um modelo de "coordenação relacional" que quantifique a força das ligações entre papéis e pessoas, colocando o relacionamento, não o indivíduo, no centro da avaliação de desempenho.

- Frank Barrett, em *Yes to the Mess* (2012), leva-nos a pensar que a improvisação em uma orquestra de *jazz* surge com naturalidade porque a liderança tem um ritmo orgânico e imprevisível. Em uma linha semelhante, Powell e Gifford, em *Perform to Win* (2016), mostram que um grupo executivo pode se redesenhar considerando as interações líder-grupo em apresentações *em conjunto* no teatro, em uma orquestra, em um coro e em uma dança a dois.
- Frederic Laloux, em *Reinventing Organizations* (2014), afirma que a evolução histórica das empresas levou às formas mais orgânicas que hoje vemos, cada vez mais numerosas, nas novas organizações. Esse trabalho traça a cronologia dos princípios organizacionais predominantes, do autocrático ao democrático, do militar ao industrial, trazendo uma perspectiva histórica para a proposição básica de que as empresas precisam ser mais objetivas, humanistas e cooperativas no século XXI a fim de refletir o sentido palpável de que "algo está no ar".

Se achar algum desses livros particularmente relevante, é recomendável que escolha um deles e reúna um grupo de estudo de três a seis colegas para lê-lo e discuti-lo em mais detalhes.

Exercício 9.2 Reflexão pessoal

Tente fazer uma pausa no trabalho de leitura e libere sua mente para relembrar experiências anteriores. Em particular, reflita sobre antigas experiências de trabalho que "deram certo" ou "foram bem-sucedidas". Tente isto:

> *Feche os olhos e relembre sua história profissional. Para qualquer um dos projetos de trabalho ou empregos que deram certo, lembre-se dos tipos de relação de trabalho que você manteve com colegas, gerentes e subordinados. Você vê uma correlação entre trabalhos que "deram certo" e relacionamentos fortes de Nível 2 com colegas de trabalho?*

A memória nos prega peças, não há dúvida disso. No entanto, acreditamos ser esse um caso em que nossas lembranças associam experiências de trabalho positivas a relacionamentos de trabalho de Nível 2 positivos. Remuneração, prêmios e outros benefícios tangíveis podem gerar fortes lembranças, mas acreditamos que tendem a ser secundárias, ao passo que as lembranças de relacionamentos de Nível 2 com pessoas – benefícios pessoais – virão primeiro à mente. Tente descobrir se a *personização* esteve envolvida e de que maneira.

Parte 2. Trabalho de casa na mesa: analise seus relacionamentos atuais e planeje o futuro

Analisar seus relacionamentos e redes de trabalho atuais do ponto de vista relacional é necessário para ter uma noção do que os diferentes níveis significam em sua organização e onde você pode querer *personizar* mais.

Exercício 9.3 Analise os relacionamentos atuais: mapeamento de funções

1. Desenhe seu próprio mapa relacional. Em uma grande folha de papel, coloque-se no centro e escreva ao seu redor os nomes ou títulos das pessoas a que está ligado e que *esperam algo de você.* Elas são seus "remetentes de funções". É importante que você descubra qual é o seu relacionamento atual com elas e considere como quer que esse relacionamento seja no futuro (veja a Figura 9.1).
2. Onde você coloca os seus remetentes de funções (acima, abaixo ou ao lado), a distância a que você os coloca e a espessura das setas que partem deles devem refletir seu grau de conexão mutuamente percebida.
3. Classifique cada seta como Nível 1, 2 e 3 com base no estado da função (1), da pessoa (2) ou da intimidade (3) em que, a seu ver, o relacionamento está agora.

4. Agora se concentre nas setas que classificou como de Nível 2 e, em uma folha à parte, escreva o que você ou eles fizeram para que o relacionamento chegasse a esse nível pessoal. Tente se lembrar dos comportamentos por meio dos quais você ou a outra pessoa aparentemente começaram a se ver mais como pessoas plenas do que como um papel a ser desempenhado. Tente identificar os comportamentos que o fazem se sentir em mais *segurança psicológica*, mais franco e mais confiante nesses relacionamentos. Esses comportamentos são exemplos de *personização* em suas experiências no trabalho.
5. Identifique o que esses comportamentos têm em comum e pergunte-se como eles poderiam ser aplicados em uma situação de trabalho com um novo chefe, subordinado ou membro da equipe.

Figura 9.1 Exemplo de mapa de funções

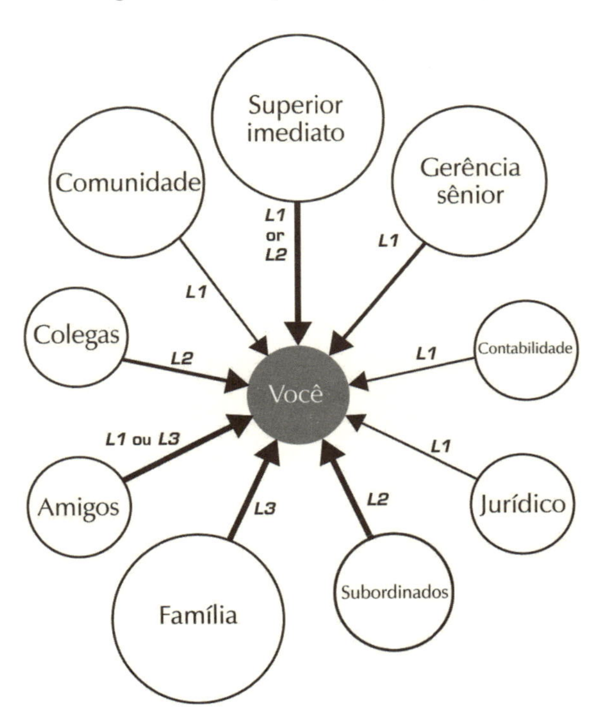

Exercício 9.4 Como projetar suas relações de trabalho e preparar-se para mudanças de nível

Pense em uma pessoa, no trabalho, com quem você deseja construir um relacionamento de Nível 2 e prepare uma lista do que pode fazer, perguntar, revelar etc. para iniciar esse processo. Antes de entrar em ação, desenvolva a mentalidade certa:

- Limpe sua mente o máximo possível *de preconceitos inconscientes em relação* à outra pessoa.
- Reconheça sua ignorância – a princípio, você pode não *saber nada* sobre a outra pessoa.
- Mobilize sua *curiosidade* em relação a essa pessoa.

Além disso, desenvolva a atitude correta e a motivação:

- Eu desejo conhecer *você* como uma pessoa plena, com a máxima rapidez possível.
- Eu *não* desejo julgar você.
- Eu *não* quero diagnosticar ou desvendar você.
- Eu *não* desejo testar você.
- Eu estou *curioso* sobre você.
- Eu desejo saber *sua história.*
- Quero poder *ver* você, isto é, saber um pouco sobre você, desenvolver um pouco de empatia.

Depois de pensar sobre isso e se preparar, quais são suas escolhas de comportamento? Antecipar como a *personização* seria na prática? Nesse caso, que habilidades precisam ser aprimoradas ou desenvolvidas?

Parte 3. Aprimoramento de habilidades comportamentais

Já assinalamos que a maioria de nós sabe como *personizar* em atividades pessoais e sociais. Você já tem as habilidades, mas, como talvez nunca as tenha usado no ambiente de trabalho, pode ser necessário pensar sobre o que são, praticá-las e aprimorá-las para essa nova aplicação.

Exercício 9.5 Personização com perguntas e revelações (qualquer uma dessas duas abordagens pode funcionar)

Tudo acontece por meio da conversa. Se está iniciando uma conversa com alguém que não conhecia e deseja *personizá-la*, quais são suas opções e escolhas? A escolha básica é começar perguntando algo mais pessoal do que o normal ou revelando algo desse tipo. À medida que a conversa progride, essa escolha será feita por você e pela outra pessoa com rapidez e naturalidade. Não existe nenhuma fórmula. Você terá de confiar em sua intuição. As duas listas a seguir apresentam algumas sugestões, mas você terá de seguir seus impulsos e determinar seu nível de conforto pessoal para decidir que caminho tomar, a cada momento.

Se começar a *fazer perguntas* à outra pessoa:

- Comece com perguntas culturalmente legítimas para se fazer a um estranho.
- A história da vida é uma excelente introdução à história da pessoa. "De onde você é?"
- Faça perguntas que suscitem uma narrativa: "Como você chegou aqui?".

- Se lhe forem fornecidas generalizações, peça exemplos.
- Interesse-se por coisas que sejam pessoais, singulares, e não gerais.
- Reaja com interesse, mas de modo adequado do ponto de vista cultural.
- Permita que sua curiosidade tome novos rumos.
- Se começar *se revelando* à outra pessoa,
- Conte alguma coisa pessoal sobre você para começar a conversa.
- Observe se a pessoa está interessada e ouvindo você.
- Revele mais ou passe a questionar mais.
- A conversa ideal é aquela em que ambos perguntam e revelam.

A *linguagem corporal* pode ser importante. Não existe uma fórmula para isso, sobretudo porque diferentes culturas atribuem significados diversos ao contato visual, à distância física entre as pessoas na conversa e à postura corporal geral. No entanto, como no Exemplo 1.5, quando o cirurgião manteve contato visual intenso e uma postura corporal que sinalizava que a lista de verificação deveria ser levada a sério, isso proporcionou uma oportunidade imediata para a *personização.*

A cada troca, você terá a sensação de ter sido bem compreendido e aceito ou não, podendo usar essas percepções e sentimentos para dar o próximo passo. É um processo de aprendizagem mútua, que pode envolver tropeços, constrangimentos ou embaraços; mas, nesse tipo de aprendizagem, os erros são inevitáveis, então você tem de aprender com eles. Você também terá reações ao que a outra pessoa está lhe contando e elas lhe dirão se desejam construir o relacionamento em um nível mais profundo ou não. Na prática, tudo isso acontece com muita rapidez, mas você deve ficar atento às próprias reações e sentimentos como diretrizes para o que vai dizer e fazer a seguir.

Exercício 9.6 A caminhada da empatia: um desafio real e difícil de encarar, mas que abre nossos olhos

A maior parte da nossa experiência na construção de relacionamentos ocorre em ambientes onde as regras culturais são bastante claras, porque estamos em funções prescritas e em geral construímos um relacionamento com alguém semelhante a nós em termos de cultura nacional, *status* e classe social. Para ter a experiência de como isso é difícil quando você está lidando com alguém diferente nessas dimensões, tente o seguinte:

(Este exercício foi desenvolvido originalmente para um programa de treinamento de gerência, por Richard Walton e Ed Schein.)

Passo 1. Encontre um parceiro, por exemplo, o cônjuge, um amigo ou um colega de trabalho.

Passo 2. Reserve cerca de meia hora para examinar aquilo em que você e seu parceiro são mais semelhantes em termos de formação, experiência, ocupação, posição social, educação, nacionalidade e tudo mais que lhe ocorrer.

Passo 3. Agora, vocês dois vão tentar pensar em alguma pessoa na vizinhança, cidade ou região que seja *muito diferente de vocês*. Isso requer certa criatividade e um pouco de reflexão. Além disso, imagine que seu desafio será encontrar essa pessoa e estabelecer um relacionamento com ela.

Passo 4. Encontre essa pessoa e inicie uma conversa com ela. Isso é difícil e requer certo grau de coragem e engenhosidade (esse é o ponto!).

Passo 5. Passe algum tempo com essa pessoa para conhecê-la (cerca de uma hora).

Passo 6. Você e seu parceiro refletem agora com profundidade sobre várias questões:

- Em que seu entrevistado se revelou diferente?
- Onde foi mais difícil desenvolver o relacionamento?
- Foi ainda mais difícil para você e seu parceiro descobrir suas semelhanças?
- O que você aprendeu sobre construção de relacionamento?

Exercício 9.7 Reveja o papel do mapa de funções – a empatia nos torna mais humildes no trabalho

Passo 1. Volte ao seu mapa de funções e identifique uma pessoa que agora você acha que deve passar para o Nível 2.

Passo 2. Planeje um encontro com essa pessoa e elabore um plano para fazer perguntas ou revelar coisas sobre você a fim de aprofundar o relacionamento.

Passo 3. Ao longo da conversa, ajuste os próprios sentimentos e observe com atenção as reações da outra pessoa.

Passo 4. Encontre alguém para contar sobre a experiência e ajudá-lo a refletir sobre o que aprendeu.

Como desenvolver uma visão do processo de grupo

Até agora falamos sobre o que você pode fazer para travar e aprimorar relacionamentos pessoais no trabalho. Mas e quanto a desenvolver uma visão de processo de grupo e desenvolver as habilidades para melhorar reuniões, equipes e redes de contato? Para isso, você precisa *participar* de *workshops* nos quais obtenha *experiência pessoal direta como participante.* Eis aqui três organizações que podem fornecer esses *workshops* experimentais:

- National Training Laboratories. Disponível em: www.ntl.org; procure "Human Interaction Laboratory".
- Presencing Institute. Disponível em: www.presencing.org/#/programs/marketplace/category/foundation_programs
- Society for Organizational Learning Brasil. Disponível em: www. http://solbrasilonline.org.br/

O interesse pela dinâmica de grupo está crescendo lentamente, então talvez haja outras organizações que você possa localizar por meio de redes e pesquisas *on-line*. O critério importante na escolha de um *workshop* é que ele seja *experimental* e envolva alguma experiência de grupo T.

Resumo e conclusões

A Liderança Humilde consiste, no final das contas, em evoluir da cultura transacional de Nível 1 para a cultura de Nível 2 *personizada*:

Para a cultura de Nível 1	Para a cultura de Nível 2
A pessoa responsável precisa estar no controle, mesmo que isso limite a autonomia e a criatividade, e possa sufocar o engajamento e o compromisso.	A pessoa responsável precisa ser um organizador/diretor que incentive a autonomia e a criatividade, mesmo que isso limite o controle dos detalhes, gerando assim entusiasmo e comprometimento.

Para a cultura de Nível 1	Para a cultura de Nível 2
Concentre-se em fazer que o *design* e a estrutura da organização estejam corretos.	Concentre-se na criação de relacionamentos/processos de grupo viáveis e eficientes entre elementos estruturais. Em outras palavras, concentre-se nos catalisadores necessários para fazer a estrutura funcionar.
O trabalho é realizado por indivíduos que cumprem suas tarefas de maneira adequada.	O trabalho é realizado por grupos que aprendem juntos a atuar como um conjunto no qual todos são inspirados a contribuir como podem.
O trabalho é realizado de acordo com planos, procedimentos, instruções e regras de comprometimento.	O trabalho se adapta para potencializar o conhecimento tácito coletivo, baseado em prática, consciência situacional e experimentação.
Para inovar, busque formas de ruptura a fim de mudar mercados e processos de trabalho.	Para inovar, busque maneiras de entender melhor clientes e colaboradores; procure locais para oferecer adaptações e construir resiliência.

Da cultura de Nível 1	Para a cultura de Nível 2
Cada tarefa/projeto precisa de um indivíduo responsável pelo sucesso.	Cada tarefa/projeto precisa de um organizador/diretor cuja função seja construir sinergia e tornar o grupo responsável por seu sucesso.
Status e autoridade derivam de posição e capacidade.	A influência e a melhor autoridade aqui e agora derivam de funções "projetadas *ad hoc*", e do novo e melhor comportamento acionado no grupo de trabalho.

Da cultura de Nível 1	Para a cultura de Nível 2
Os líderes apontam com firmeza a direção, seguem-na e não mostram sinais de hesitação a fim de manter o controle, a consistência e o comprometimento.	Líderes humildes aceitam a ambiguidade, procurando diminuir a distância entre os lados opostos para obter comprometimento compartilhado, com base em abertura e confiança.
As reuniões devem ser eficientes (curtas) e bem planejadas, com agendamentos claros e preparação predefinida.	As reuniões variam em duração e congruência com a complexidade das questões a serem resolvidas, e com as funções e a relevância dos membros do grupo.
As reuniões precisam seguir a pauta e desconsiderar questões secundárias.	As reuniões precisam sair periodicamente da pauta para permitir reflexões sobre o processo de decisão (alinhamento de metas, níveis de participação, teste de consenso).
A inovação se dá por meio de uma sequência linear de rejeição de processos antigos, *brainstorming*, ideação, teste Beta e avaliação *off-line* controlada.	A inovação se dá por meio da reiteração; pensa-se enquanto se trabalha, permitindo que novas ideias venham de qualquer lugar a qualquer momento, facilitando a improvisação dos processos em mãos aqui e agora.
Faça isso rápido e de maneira eficiente.	Façam-se as coisas de uma forma que crie agilidade, repetibilidade e capacidade de aprendizagem para o próximo desafio.
Empregue todos os esforços para ser ouvido, pronunciar-se nas reuniões e mostrar seu valor.	Esforce-se para ouvir e “ver” os outros antes de se pronunciar e discutir.

Da cultura de Nível 1	Para a cultura de Nível 2
Novas ideias vêm de indivíduos criativos, devendo ser avaliadas e validadas após discussão crítica e perguntas.	Ideias novas e válidas são geradas em conjunto, com base no que qualquer indivíduo possa propor, de maneira cooperativa e não conflituosa.
Crie uma rede para vantagem pessoal.	Construa relacionamentos ágeis e flexíveis (grupos de aprendizagem) em/entre redes.
Reflita sobre si mesmo.	Reflita sobre os outros.
Passe o horário de trabalho fazendo as coisas do modo correto.	Reserve algum tempo para avaliar se está fazendo as coisas certas.
Melhore a eficiência.	Desenvolva eficiência resiliente.
Mantenha a distância profissional.	Incentive a franqueza e a confiança.

Liderança Humilde significa aceitar a vulnerabilidade e a construir resiliência por meio de relacionamentos de **Nível 2.**

Referências

Adams, G. B. e Balfour, D. L. (2009) *Unmasking Administrative Evil.* Armonk, NY: M. E. Sharpe.

Bales, R. F. e Cohen, S. P. (1979) *SYMLOG.* Glencoe, IL: The Free Press.

Barrett, F. J. (2012) *Yes to the Mess.* Cambridge, MA: Harvard Business School Press.

Bennis, W. G. e Shepard, H. A. (1956) "A theory of group development." *Human Relations*, 9, 415-443.

Bion, W. R. (1959) *Experiences in Groups.* Londres, UK: Tavistock.

Blanchard, K. (2003) *The Servant Leader.* Nashville, TN: Thomas Nelson.

Blanchard, K. e Broadwell, R. (2018) *Servant Leadership in Action.* Oakland, CA: Berrett-Koehler.

Bohm, D. (1989) *On Dialogue.* Ojai, CA: David Bohm Seminars.

Carlson, G. (2017) *Be Fierce.* Nova York: Center Street.

Edmondson, A. (2012) *Teaming: How Organizations Learn, Innovate, and Compete in the Knowledge Economy.* San Francisco, CA: Jossey-Bass, Wiley.

Edmondson, A., Bohmer, R. M. e Pisano, G. P. (2001) "Disrupted routines: Team learning and new technology implementation in hospitals". *Administrative Science Quarterly,* 46, 685-716.

Farrow, R. (2017) "From aggressive overtures to sexual assault: Harvey Weinstein's accusers tell their stories", *The New Yorker,* 10 de outubro.

Friedman, T. (2016) *Thank You for Being Late.* Nova York: Farrar, Straus and Giroux.

Fussell, C. (2017) *One Misson*. Nova York: Macmillan.

Gawande, A. (2014) *Being Mortal.* Nova York: Holt Metropolitan Books.

Gerstein M. (2008) *Flirting with Disaster.* Nova York: Union Square.

Gerstein, M. S. e Schein, E. H. (2011) "Dark secrets: Face-work, organizacional culture and disaster prevention". *In*: C. de Franco & C.O. Meyer, Eds. *Forecasting, Warning and Responding to Transnational Risks.* London: Palgrave Macmillan, pp. 148-165.

Gittell, J. H. (2016) *Transforming Relationships for High Performance: The Power of Relational Coordination.* Stanford, CA: Stanford University Press.

Goffman, E. (1959) *The Presentation of Self in Everyday Life.* Nova York: Doubleday Anchor.

Goffman, E. (1963) *Behavior in Public Places.* Nova York: Free Press.

Goffman, E. (1967) *International Ritual.* Nova York: Pantheon.

Grabell, M. (2017) "Exploitation and abuse at the chicken plant". *The New Yorker,* 9 de maio, pp. 46-53.

Grant, A. (2013) *Give and Take*. Nova York: Penguin Books.

Greenleaf, R. K. (2002) *Servant Leadership: A Journey into the Nature of Legitimate Power and Greatness* (edição de 25º aniversário). Nova York: Paulist Press.

Hackman, R. (2002) *Leading Teams.* Boston, MA: Harvard Business School Press.

Harvey, J. B. (1988) *The Abilene Paradox and Other Meditations on Management.* Lexington, MA: Lexington Books.

Heifetz, R. A. (1994) *Leadership without Easy Answers.* Cambridge, MA: Harvard University Press.

Isaacs, W. (1999) *Dialogue and the Art of Thinking Together.* Nova York: Doubleday Currency.

Johansen, B. (2017) *The New Leadership Literacies: Thriving in a Future of Extreme Disruption and Distributed Everything.* Oakland, CA: Berrett-Koehler.

Kahneman, D. (2011) *Thinking Fast and Slow.* Nova York: Farrar, Straus and Giroux.

Kenney, C. (2011) *Transforming Health Care.* Nova York: CRC Press.

Kornacki, M. J. (2015) *A New Compact: Aligning Physician-Organization Expectations to Transform Patient Care.* Chicago: Health Administration Press.

Laloux, F. (2014) *Reinventing Organizations: A Guide to Creating Organizations Inspired by the Next Stage of Human Consciousness.* Nelson Parker.

Laloux, F. e Appert, E. (2016) *Reinventing Organizations: An Illustrated Invitation to Join the Conversation on Next-Stage Organizations.* Nelson Parker.

Marquet, L. D. (2012) *Turn the Ship Around.* Nova York: Portfolio/Penguin.

McChrystal, S. (2015) *Team of Teams: New Rules of Engagement for a Complex World.* New York: Portfolio/Penguin.

McGregor, D. (1960) *The Human Side of Enterprise.* Nova York: McGraw-Hill.

Nelson, E. C., Batalden, P. B. & Godfrey, M. M. (2007) *Quality by Design.* Nova York: Wiley.

O'Reilly, C. A. III e Tushman, M. L. (2016) *Lead and Disrupt.* Stanford, CA: Stanford University Press.

Peh Shing Huei (2016) *Neither Civil Nor Servant: The Philip Yeo Story.* Singapura: Straits Times Press.

Pfeffer, J. (2010) *Power: Why Some People Have It and Some People Don't.* Nova York: Harper Business.

Plsek, P. (2014) *Accelarating Health Care Transformation with Lean and Innovation.* Nova York: CRC Press.

Powell, M. e Gifford, J. (2016) *Perform to Win.* Londres: LID Publishing.

Ricci, R. e Weise, C. (2011) *The Collaboration Imperative: Executive Strategies for Unlocking Your Organization's True Potential.* San Jose, CA: Cisco Systems.

Roth, G. e Kleiner, A. (2000) *Car Launch.* Nova York: Oxford University Press.

Roy, H. (1970) *The Cultures of Management.* Baltimore: Johns Hopkins University Press.

Scharmer, C. O. (2009) *Theory U.* Oakland, CA: Berrett-Koehler.

Schein, E. H. (1956) "The Chinese indoctrination program for Prisoners of War: A study of attempted brainwashing". *Psychiatry*, 19, 149-172.

Schein, E. H. (1989) "Reassessing the 'Divine Rights' of managers". *Sloan Management Review*, 30(2), 63-68.

Schein, E. H. (1996) *Strategic Pragmatism.* Cambridge, MA: MIT Press.

Schein, E. H. (1999) *Process Consultation Revisited.* Reading, MA: Addison-Wesley.

Schein, E. H. (2003) *DEC Is Dead: Long Live DEC.* Oakland, CA: Berrett-Koehler.

Schein, E. H. (2009) *Helping.* Oakland, CA: Berrett-Koehler.

Schein, E. H. (2013a) *Humble Inquiry.* Oakland, CA: Berrett--Koehler.

Schein, E. H. (2013b) "The culture factor in safety culture". *In*: G. Grote e J. S. Carroll, Eds. *Safety Management in Context.* ETH, Zurich & MIT, Cambridge, MA: Swiss Re Centre for Global Dialogue, pp. 75-80.

Schein, E. H. (2014) "The role of coercive persuasion in education and learning: Subjugation or animation?" *In*: *Research in Organizational Change and Development,* vol. 22. Emerald Group Publishing, pp. 1-23.

Schein, E. H. (2016) *Humble Consulting.* Oakland, CA: Berrett-Koehler.

Schein, E. H. e Bennis, W. G. (1965) *Personal and Organizational Change through Group Methods: The Laboratory Approach.* Nova York: Wiley.

Schein, E. H. e Schein, P. A. (2017) *Organizational Culture and Leadership* (5. ed.). Nova York: Wiley.

Seelig, J. (2017) *Thank you America: A memoir.* Palo Alto, CA. (inédito).

Senge, P. M. (1990) *The Fifth Discipline.* New York: Doubleday Currency.

Senge, P. M., Roberts, C., Ross, R. B., Smith, B. J. e Klein, A. (1994) *The Fifth Discipline Field Book.* Nova York: Doubleday Currency.

Sennett, R. (2006) *The Culture of the New Capitalism.* New Haven, CT: Yale University Press.

Shook, J. (2000) *Managing to Learn.* Cambridge, MA: The Lean Enterprise Institute.

Silversin, J. e Kornacki, M. J. (2000) *Leading Physicians through Change.* Tampa, FL: ACPE. (Segunda edição, 2012.)

Sutton, R. (2007) *The No Asshole Rule: Building a Civilized Workplace and Surviving One That Isn't.* New York: Warner Business Books Hachette Book Group USA.

Swisher, K. (2013) "Physical together: Here's the internal Yahoo no-work-from home memo for remote workers and maybe more". *All Things D/The Wall Street Journal*, Nova York, February 22, 2014.

Valentine, M. (2017) "When Equity seems unfair. The role of justice enforceability in temporary team coordination". *Academy of Management Journal. On-line*, 10/03/17.

Valentine, M. A. e Edmondson, A. C. (2015) "Team scaffolds: How mesolevel structures enable role-based coordination in temporary groups". *Organization Science* 26 (2), 405-422.

Vaughan, D. (1996) *The Challenger Launch Decision: Risky Technology, Culture and Deviance at NASA.* Chicago: University of Chicago Press.

Venable, J. V. (2016) *Breaking the Trust Barrier.* Oakland, CA: Berrett-Koehler.

Weick, K. E. (1995) *Sensemaking in Organizations.* Thousand Oaks, CA: Sage.

Weick, K. E. e Sutcliffe, K. M. (2007) *Managing the Unexpected.* San Francisco, CA: Jossey-Bass, Wiley.

Agradecimentos

Este livro tem uma longa história. Para Ed, remonta àquilo que ele aprendeu com seu mentor e chefe, Douglas McGregor, em seu primeiro emprego no MIT, em 1956. A essência da Liderança Humilde foi aprendida com Doug em seu clássico livro *The Human Side of Enterprise* (1960) e com seu comportamento pessoal como líder.

Os líderes humildes que conhecemos ao longo da carreira são para Ed alguns de seus clientes: Ken Olsen, da Digital Equipment Corporation, Sam Koechlin, da Ciba-Geigy, Gene McGrath, da Con Edison, James Ellis, do Institute for Nuclear Power Operations, e Gary Kaplan, do Virginia Mason Health Center. Para Peter, os líderes mais influentes são Ted West, da Pacific Bell, James Isaacs e Chris Bryant, da Apple, Jan Tyler Bock, da Silicon Graphics, Inc., e Brian Sutphin e Jonathan Schwartz, da Sun Microsystems, Inc.

Os colegas de Ed: o falecido Warren Bennis, Lotte Bailyn, John Van Maanen, Bob McKersie, John Carrol e Otto Scharmer foram exemplos de *personização*. Ed aprendeu com eles identificando-se com sua humildade e curiosidade, como professores e colegas. Ele aprendeu a ser um líder humilde em situações complexas com o falecido Richard Beckhard, um verdadeiro gênio em *personizar* com colegas e clientes.

Os muitos colegas do programa OD (Organization Development), passados e presentes, que tiveram grande influência estão elencados aqui: Michael e Linda Brimm, Warner Burke, Gervaise Bushe, Rosa Carrillo, John Cronkite, Tina Doerffer, Gerhard Fatzer, Mei Lin Fung, Kathryn Schulyer Goldman, Charles Handy, David Jamieson, Bob Marshak, Joanne Martin, Henry Mintzberg, Philip Mix, Peter Sorensen, Ilene Wasserman e Therese Yaeger; e ainda David Bradford, com quem Ed discutiu algumas dessas ideias em almoços animados. Nosso amigo filósofo Noam Cook nos forçou a pensar claramente sobre individualismo e grupos. Amy Edmondson, Jody Gittell e Kathy MacDonald ajudaram muito a especificar o sentido de "níveis de relacionamento".

A perspectiva de Peter foi ampliada por excelentes professores do programa Capital Humano e Organizações Eficientes da USC Marshall School of Business, em particular Chris Worley, Ed Lawler, Sue Mohrman, Jon Boudreau, Alec Levenson e Soren Kaplan.

Em nosso esforço conjunto no Organizational Culture and Leadership Institute (OCLI.org), nos últimos dois anos, aprendemos bastante com clientes e colegas na área de desenvolvimento organizacional. Muitos deles influenciaram este projeto diretamente com suas perguntas e respostas a nossos trabalhos anteriores *Humble Inquiry*[*] (Schein, 2013a) e *Humble Consulting* (Schein, 2016), além de seu encorajamento, em particular Rob Cooke e Tim Kuppler, do Human Synergistics, Lucian Leape,

* *Liderança Sem Ego – A Arte da Indagação Humilde para Construir Equipes Fortes e Comprometidas*. São Paulo, Editora Cultrix, 2018.

James e Joy Hereford, do Stanford Health, Mary Jane Kornacki e Jack Silversin, do Amicus, Diane Rawlins e Tony Suchman, com quem fizemos um *workshop* sobre cuidados de saúde, Marjorie Godfrey, Jeff Richardson, Lynne Ware, Adrienne Seal, Michelle Sullivan, Kimberly Wiefling, o corpo docente e os alunos das últimas turmas do programa OD da Pepperdine University. Ed também aprendeu muito com seu amigo íntimo da Alliant University, Jo Sanzgiri, sua parceira Julie Bertucelli e sua aluna Manisha Bajaj, com quem formou um grupo de treinamento para explorar o processo de grupo com mais profundidade. Também se valeu da pesquisa de Yifat Sharabi-Levine sobre o uso do poder do CEO e apreciou o maravilhoso modelo de Liderança Humilde exibido pelo dr. Wally Krengel.

Os colegas no exterior com quem trabalhamos nessas ideias são Lily e Peter Cheng, de Singapura, Michael Chen, de Shanghai, e em especial Joichi Ogawa, que se tornou um amigo íntimo no processo de introdução de nosso trabalho no Japão nos últimos quinze anos.

Também tivemos a oportunidade de testar algumas dessas ideias no Organization Design Forum e lá trabalhamos em estreita colaboração com Mary e Stu Winby, Claudia Murphy e Sue Mohrman. Da mesma maneira, agradecemos muito a Bob Johansen, do Institute for the Future, pelos conselhos e pela oportunidade de discutir nossas ideias com alguns de seus clientes.

Como no caso de outros livros, temos uma grande dívida para com Steve Piersanti, nosso editor. Sem sua orientação e a de Jeevan Sivasubramaniam, este livro não teria se concretizado.

Por fim, agradecemos a nossos familiares mais próximos, Louisa Schein, Liz Krengel e, em particular, Jamie Schein, bem como aos netos de Ed, que ouviram, reagiram, desafiaram e melhoraram nosso pensamento sobre as implicações da Liderança Humilde *no futuro* que eles vivenciarão e moldarão para as gerações vindouras.

SOBRE OS AUTORES

Ed Schein é *professor emeritus* do Massachusetts Institute of Technology (MIT) Sloan School of Management. Formou-se na Universidade de Chicago, Universidade de Stanford e Universidade Harvard, onde obteve seu Ph.D. em Psicologia Social em 1952. Trabalhou no Walter Reed Institute of Research por quatro anos e, depois, entrou para o MIT, onde lecionou até 2005. Ed publicou várias obras: *Organizational Psychology*, 3ª ed. (1980); *Process Consultation Revisited* (1999); dinâmica de carreira (*Career Anchors,* 4ª ed., com John Van Maanen, 2013); *Organizational Culture and Leadership*, 5ª ed. (2017); *The Corporate Culture Survival Guide*, 2ª ed. (2009); análise cultural do milagre econômico de Singapura (*Strategic Pragmatism*, 1996); e ascensão e queda da Digital Equipment Corp. (*DEC is Dead; Long Live DEC*, 2003).

Em 2009, publicou *Helping*, um livro sobre a teoria geral e a prática de dar e receber ajuda, seguido em 2013 por *Liderança Sem Ego*, que explora por que ajudar é tão difícil na cultura ocidental, que ganhou o prêmio de livro de negócios do ano de 2013, concedido pela Leadership of the University of San Diego. Ed publicou em 2016 *Humble Consulting*, que revisa todo o modelo de consulta e treinamento, e está trabalhando com seu filho Peter em vários projetos em seu Organizational Culture and Leadership Institute (OCLI.org).

Recebeu em 2009 o Distinguished Scholar-Practitioner Award, da Academy of Management, o Lifetime Achievement Award (2012) da International Leadership Association, e o Lifetime Achievement Award in Organization Development (2015), da International OD Network. Tem doutorado honorário concedido pela IEDC Bled School of Management, da Eslovênia.

Peter Schein é cofundador e COO do OCLI.org em Menlo Park, CA. É consultor de administração sênior sobre os desafios de desenvolvimento organizacional enfrentados por entidades dos setores público e privado pelo mundo afora. Colaborou na quinta edição de *Organizational Culture and Leadership* (Schein, 2017).

O trabalho de Peter baseia-se em trinta anos de experiência na indústria, em marketing e no desenvolvimento corporativo com pioneiros da tecnologia. No início da carreira, desenvolveu novos produtos na Pacific Bell e na Apple. Liderou esforços de novos produtos na Silicon Graphics, Inc., Concentric Network Corporation (XO Communications) e Packeteer (Blue Coat). Depois, Peter passou onze anos em desenvolvimento e estratégia corporativa na Sun Microsystems, onde liderou vários investimentos em ecossistemas de alto crescimento. Conduziu também a aquisição de inovadores de tecnologia que desenvolveram linhas de produtos de alto valor na Sun. Por meio dessas experiências em desenvolvimento orgânico de novas estratégias e fusão de entidades menores em uma grande empresa, Peter se concentrou nos desafios de desenvolvimento organizacional decorrentes que o crescimento gera em empresas orientadas para a inovação.

Peter estudou na Universidade de Stanford (BA em Antropologia Social, com honra e distinção), na Universidade Northwestern (Kellogg, MBA, Marketing e Gerenciamento de Informações) e na USC Marshall School of Business (Certificado HCEO).